Knaur

Mutter Meera lebt als Inkarnation der göttlichen Mutter in Deutschland. Sie verwendet das höchste geistige Licht, das Licht des Paramatman, um allen Lebewesen eine schnellere Transformation und Öffnung für das Göttliche zu ermöglichen.

MUTTER MEERA

Antworten

Knaur

Dieses Buch wurde auf chlor- und säurefreiem Papier gedruckt.

Vollständige Taschenbuchausgabe November 1998
Droemersche Verlagsanstalt Th. Knaur Nachf., München
Copyright © 1994 Mother Meera,
Verlag & Buchvertrieb Adilakshmi, Dornburg-Thalheim
Umschlaggestaltung: Peter F. Strauss
DTP-Satz und Herstellung: Barbara Rabus
Druck und Bindung: Ebner Ulm
Printed in Germany
ISBN 3-426-86202-6

2 4 5 3 1

Inhalt

Einleitung

Die Göttliche Mutter ist stets als Seele und alleserhaltende Kraft des Universums verehrt worden. Obgleich Sie uns manche Ihrer Gesichter gezeigt hat – z. B. als Kali, Jungfrau Maria oder Isis –, haben viele Ihrer Verkörperungen es vorgezogen, still und unerkannt in der Welt zu wirken. In der bewegten Zeit, in der wir heute leben, sind mehrere Inkarnationen der Göttlichen Mutter unter uns, jede mit Ihrer besonderen Aufgabe – sei es, zu heilen, zu beschützen oder umzuwandeln.

Eine jener Avataras der Göttlichen Mutter, die bereits in breiten Kreisen verehrt und geliebt wird, ist Mutter Meera, eine junge Inderin, die am 26. Dezember 1960 in einem Dorf der Provinz Chandepalle, in Südindien, geboren wurde. Schon bald erwies Sie sich als ein ungewöhnliches Kind: Im Alter von drei Jahren berichtete Sie davon, »zu verschiedenen Lichten zu gehen«. Ihre Eltern behandelten Sie als ein außergewöhnliches Kind und liebten Sie sehr. Da ihre Familie nicht besonders religiös war, wurde Sie nicht im Sinne irgendeiner Tradition erzogen. Ihre wirklichen Eltern waren die spirituellen Führer, denen Sie in Ihren Visionen begegnete. Sie lebte ständig im Zustand des Samadhi. Unter der Obhut Ihres Onkels, Herrn Reddy, verbrachte Sie einige Zeit in Pondicherry, wo Ihre Gegenwart große Beachtung fand. 1982 heiratete Sie einen Deutschen, der seitdem bei Ihr lebt. Die Mutter wohnt heute in Thalheim, einem ruhigen Dorf in Deutschland, und obgleich Sie nicht die Öffentlichkeit gesucht hat, kommen Tausende von Menschen aus der ganzen Welt, um Ihren Darshan zu erhalten – die stille Übermittlung von Segen und Licht durch Ihren Blick und Ihre Berührung.

Mutter Meeras einzigartiges Geschenk an die Welt besteht darin, daß Sie zum ersten Mal in der Geschichte der Erde das transformierende Licht des Paramatman – des Höchsten Wesens – zugänglich macht. In dieser von wachsendem Verlangen nach Spiritualität geprägten Krisenzeit vermittelt die Mutter Ihren Kindern die direkte Übertragung jenes Lichtes, das alle Hindernisse auflöst und das gesamte Sein umwandelt. Alle, die geöffnet sind, können das Licht aufnehmen, ob sie der Mutter in Ihrer physischen Gestalt begegnen oder nicht.

Als Inkarnation der Göttlichen Mutter steht Mutter Meera über allen Dogmen und Hierarchien. Sie erwartet von niemandem, daß er Ihr nachfolgt. Sie läßt jedoch Ihre umwandelnde Kraft allen Menschen zuteil werden, ganz gleich welchen Weg der einzelne beschreitet oder welcher Religion er angehört.

Antworten enthält Mutter Meeras Antworten auf Fragen zu Ihrer Person und Ihrem Werk, die Ihr im Laufe der Jahre gestellt wurden. Das Buch gibt damit Aufschluß über das Wirken der Göttlichen Mutter in der Welt. Die Fragen und Antworten wurden von Adilakshmi (Mutter Meeras Sekretärin) und anderen Anhängern (Devotees) der Mutter gesammelt. Einige der treffenden Kommentare von Adi-lakshmi wurden in das Buch mit aufgenommen. Die Göttli-che Mutter hat einen Körper angenommen. Sie bietet uns in dieser schweren Zeit einen Weg der Freude und der Trans-formation an – die Chance, uns Ihrem Segen zu öffnen, Ihr Licht zu empfangen und mit diesem zu arbeiten, um uns selbst und unsere Welt zu ändern.

»Der ganze Zweck
meines Wirkens liegt darin,
das Paramatman-Licht herabzurufen
und den Menschen zu helfen.
Eure Herzen dem Licht zu öffnen
und euren Glauben zu stärken –
dafür bin ich gekommen.«

Mutter Meeras Werk

Frage: Die Mutter wirkt jetzt unablässig in der Welt, nicht wahr?

Mutter Meera: Ja, unablässig. Das Bewußtsein der Menschen wird auf große Sprünge und Entdeckungen vorbereitet – möglichst auf sanfte Weise. Aber manches muß zerstört werden. Ich zerstöre nicht gern, ich verändere lieber. Doch wo keine Offenheit besteht, ist Zerstörung unausweichlich. Dennoch, Gott gibt den Menschen eine große Chance. Viele göttliche Personen sind hier. Wir zeigen den Menschen einen Ausweg. Wir bieten ihnen das göttliche Licht, das göttliche Wissen an. Wir bringen das göttliche Bewußtsein ins Erdbewußtsein herab. Nun muß der Mensch wählen. Er ist frei. Gott zwingt seine Kinder nicht, etwas Bestimmtes zu tun; er wünscht sich ihre freie Liebe. Gnade und Liebe sind immer am Werk.

F: Du hast das Paramatman-Licht herabgebracht, um das Werk der globalen und individuellen Transformation beschleunigen zu helfen. Hat Dein Wirken noch andere Aspekte, neben dem Herabbringen des Lichts?

MM: Ich bin gekommen, um zu sagen, daß alle Wege, die die Menschen beschreiten, gleich gut sind und zu Gott führen und daß die Gläubigen deshalb den Weg jedes anderen achten sollten. Moslems, Christen, Hindus, Buddhisten oder Angehörige anderer Religionen – sie mögen an ihrem Glauben festhalten, doch sollten sie sich nicht gegenseitig hassen oder bekämpfen. Welchen Weg auch immer jemand beschreitet, er kann zu mir kommen, und ich werde ihm helfen, sich auf das Göttliche zu besinnen, und ihm Frieden und Glück schenken, wenn er in Not ist.

F: Was ist Dein Hauptzweck?
MM: Den Menschen zu helfen und sie glücklich, ruhig, zufrieden, harmonisch und liebevoll zu machen. Glücklichsein und spirituelle Entwicklung hängen miteinander zusammen. Voll Frieden und glücklich zu sein sind die wichtigsten Grundlagen für spirituelle Übungen; sie geschehen dann von allein.

F: Was ist Dein Ziel?
MM: Alle Aspekte des menschlichen Wesens zu beschützen.
Adilakshmi: Mutter Meera kennt die menschliche Natur genau; Sie weiß, wie schwer es auf der Erde ist. Sie hilft jedem, wie auch immer er geartet ist und ungeachtet seiner Lebensstellung oder Bewußtseinsstufe. Andere göttliche Inkarnationen sind geneigt, ihre Hilfe auf Menschen auszurichten, die sich auf einer bestimmten Entwicklungsstufe befinden.

F: Mutter, ich habe Sorge, daß die Menschen, wenn sie kommen, um Dich zu sehen, vielleicht Deine Arbeit stören – ist das so?

MM: Nichts kann und nichts wird meine Arbeit stören. Selbst wenn die ganze Welt zu mir käme, würde mein Werk nicht einen Augenblick unterbrochen oder abgelenkt. Ich bin auf allen Ebenen tätig, ich wirke überall. Diese Erde ist nur eine der Ebenen, auf denen ich wirke. Wie könnte irgend etwas meine Arbeit stören?

F: Wird sich Dein Wirken über die Jahrhunderte hinweg entfalten, und wird man sich noch lange daran erinnern?
MM: Ja.

F: Werden sich die Verhältnisse auf der Welt durch Deine Gegenwart auf eine innere oder eine äußere Weise verändern?
MM: Auf beide Weisen.

F: Siehst Du es als notwendig an, die Welt rasch zu erleuchten?
MM: Ich habe keine Eile. Wenn die Welt kommen möchte, wird es geschehen.

F: Ist es Deine Absicht, eine Religion zu gründen?
MM: Nein. Das Göttliche ist das Meer. Alle Religionen sind Flüsse, die zum Meer hinführen. Manche Flüsse machen große Schleifen. Warum nicht direkt zum Meer gehen?

Das Herabbringen des Paramatman-Lichts

F: *Welche Bedeutung hat das Paramatman-Licht?*
MM: Ich habe das Paramatman-Licht herabgerufen. Das Paramatman-Licht ist in allem. Das Werk der Transformation wird dadurch viel schneller geschehen – vorausgesetzt, daß die Menschen offen sind. Jedoch wenn sie es jetzt noch nicht sind, ist der Druck und die Macht des Lichts so groß, daß sie sich öffnen werden.

F: *Was bedeutet es, das Paramatman-Licht herabzubringen? Ist Paramatman nicht schon überall?*
MM: Das Paramatman-Licht ist in der Tat überall; aber wenn man es benötigt, muß man wissen, wann, wo, wie und wofür es verwendet werden kann. Das Licht ist immer schon dagewesen. Ich bete zu Paramatman, dem Höchsten Wesen, um gezielt damit arbeiten zu können. Das Licht ist nie zuvor eingesetzt worden. Wie Elektrizität ist es überall, doch man muß wissen, wie es aktiviert werden kann. Zu diesem Zweck bin ich gekommen.

F: *In dem Buch »Die Mutter« steht, daß Du mit anderen göttlichen Wesen zusammenarbeitest, um das Paramatman-Licht herabzubringen. Ist es das erste Mal in der Geschichte der Erde, daß dieses Licht herabgebracht wird?*
MM: Herr Reddy fragte einen berühmten Pandit, einen Gelehrten der Veden. Der forschte in den alten Schriften und

sagte dann, es sei tatsächlich das erste Mal, daß es herabgebracht werde.

*F: Ist es Dein göttlicher Verstand, der das Paramatman-
Licht lenkt?*
MM: Worte wie Verstand helfen in diesem Zusammenhang
nicht weiter. Der Vorgang findet einfach statt.

*F: Bringst Du von verschiedenen Ebenen Licht herab, oder
arbeitest Du nur mit dem Paramatman-Licht?*
MM: Ich arbeite sowohl mit dem Licht Paramatmans als
auch mit dem Licht der Ebenen der Götter und Göttinnen.

*F: Mußtest Du in unsere Welt kommen, damit das Licht in
sie eindringen kann?*
MM: Ja.

*F: Wenn Du Deinen Körper verläßt, wird dann das Licht
mit Dir fortgehen?*
MM: Es wird bleiben, es wird weiter wirken. Jeder Avatar
bringt ein bestimmtes Licht herab, das die Geschichte der
Menschheit verändert.
Wir müssen uns bemühen, das Licht zu offenbaren, das als
Knospe in uns verborgen ist. Es muß aufblühen wie eine
Blume. In allen Dingen, überall, in allen Wesen ist das Licht
verborgen, und es muß offenbart werden. Wenn wir das mit
ganzem Herzen versuchen, wird es uns gelingen. Ich möchte, daß das Paramatman-Licht überall erblüht.

Paramatman und Sein Licht

F: Was ist Gott?
MM: Was ist nicht Gott? Alles – Gutes wie Schlechtes – ist Gott.

F: Bitte beschreibe Paramatman.
MM: Paramatman ist unendliches Licht und der Ursprung von allem – des Seins, des Wissens, der Glückseligkeit, des Friedens, eines jeden Atman, einer jeden Seele.

F: Besteht ein Unterschied zwischen Paramatman und seinem Licht?
MM: In gewisser Weise ja. Paramatman ist überall, in der gesamten Schöpfung – Erde, Wasser, Feuer, Luft, Weltraum, Tiere – zu jeder Zeit. Aber das Licht können wir nur manchmal sehen. Das Licht hat die Eigenschaft von Liebe, Gnade, Macht, Seligkeit, Jnana (Wissen). Ohne es kann nichts existieren.

F: Wie ist das Paramatman-Licht beschaffen?
MM: Es ist farblos, enthält aber alle Farben sowie auch Farbe und Kraft vom Licht jeglicher Ebene. Es ist überall und in allem.

F: Wie erfährst Du Paramatman? Erfährst Du Ihn als Form?

MM: Ich erfahre Paramatman als Licht. Es ist gewöhnlich weiß, aber manchmal auch farbig.

F: Kommen alle verschiedenen Arten des Lichts aus derselben Quelle?

MM: Ja, aber jeder Guru und jeder Gott hat sein eigenes Licht mit unterschiedlichen Eigenschaften. Was man empfängt, hängt davon ab, wen man anbetet.

F: Können andere Gurus das Paramatman-Licht benutzen, um ihren Anhängern zu helfen?

MM: Menschliche Gurus können nicht damit arbeiten. Avatare jedoch, da sie von Paramatman kommen, arbeiten natürlicherweise alle mit dem Paramatman-Licht. Allerdings ist mit dem Licht zu arbeiten nicht dasselbe, wie das Licht herabzubringen. Ich bringe es herab zum allgemeinen Schutz des Lebens aller Dinge und aller Geschöpfe.

Die Göttliche Mutter

F: Was ist der Unterschied zwischen Gott, der Shakti und der Göttlichen Mutter?

MM: Paramatman ist alles, die Shakti ist nur ein Teil, nur ein kleiner Teil seiner Macht und seines Lichtes. Paramatman erschafft alles, und die Shakti, die Götter und Göttinnen beschützen die Schöpfung. Die Shakti ist mächtiger als die Göttliche Mutter. Die Shakti ist formlos, auch wenn wir Sie uns in Gestalt vorstellen mögen. Sie wird getrennt von Paramatman angebetet und ist unabhängig von unseren Gebeten – Sie tut, was Sie will. Die Shakti ist nicht zu lenken. Wenn wir Sie anbeten, können wir uns Ihr nur ergeben. Die Göttliche Mutter hingegen erhört unsere Gebete. Sie empfindet Liebe zur Menschheit, beschützt sie und fördert Harmonie und Frieden.

F: Ist die Göttliche Mutter Paramatman ganz ergeben?

MM: Es besteht ein gegenseitiges Einvernehmen zwischen der Göttlichen Mutter und Paramatman. Das hat nichts mit Ergebenheit zu tun.

F: Was ist der Unterschied zwischen der Göttlichen Mutter und dem Göttlichen Vater?

MM: Der Vater ist strenger, die Mutter ist liebevoller und weicher. Sie ist geduldiger und läßt mehr gelten als der Vater.

*F: Wenn Buddha die Kraft des erleuchteten Geistes verkör-
pert, was verkörperst Du dann?*
MM: Ich helfe in jeder Weise, in der ich gebraucht werde.
Die Macht der Mutter besteht darin, daß Sie nicht nur über
eine bestimmte Kraft verfügt, sondern daß Ihr sämtliche
Kräfte zur Verfügung stehen.

*F: Gibt es gegenwärtig auf der Erde noch andere Inkarna-
tionen der Göttlichen Mutter?*
MM: Ja, viele. Einige werden bekannt sein, andere wollen
im geheimen bleiben. Das Werk einer jeden ist anders. Jede
drückt einen anderen Aspekt der Göttlichen Mutter aus.
Mein Wirkungskreis ist sehr breit und mehr integral. Ich
helfe Menschen auf allen Lebensstufen. Ich arbeite auch mit
Sri Aurobindo und Sweet Mother zusammen.

*F: Wenn die Göttliche Mutter Liebe ist, warum gibt es dann
soviel Leid in der Schöpfung?*
MM: Nicht nur die Göttliche Mutter existiert, auch Paramatman.

*F: Ist die mütterliche Kraft jetzt besonders wichtig für die
Erde?*
MM: Die Erde braucht immer die Mutter, Ihr Licht und
Ihren Schutz. Sie ist ein Kind, das der göttlichen Hilfe der
Mutter bedarf.

F: So wie ich es verstehe, ist Mutter Erde das Wesen unseres Planeten Erde. Sind wir Menschen so etwas wie Teile oder Zellen von ihr?

MM: Nein, wir sind keine Teile, wir sind ihre Kinder.

F: In welcher Beziehung stehen wir zur Mutter Erde, der Seele dieses Planeten?

MM: Die Erde ist die Wurzel von allem, sie schenkt alles. Die Erde schenkt Körper, Paramatman schenkt Licht, und wir empfangen beides.

F: Obgleich die Mutter immer dagewesen ist, hat es den Anschein, als ob man sich im Westen ihrer erst jetzt zunehmend bewußt würde.

MM: Die Menschen haben schon immer sowohl die Göttliche Mutter als auch Gott verehrt. Der einfache Mensch hat immer daran geglaubt, daß z. B. die Jungfrau Maria göttlicher Natur ist, auch wenn die Kirche das erst spät offiziell anerkannte.

Sich dem Göttlichen zu öffnen, das ist wichtig. Ob es die Shakti ist oder Gott, spielt keine Rolle.

F: Was ruft das Tätigwerden des weiblichen Aspekts Gottes hervor?

MM: Wenn Menschen aufrichtig nach Glück, Harmonie, Frieden und Licht streben, dann ist es die Göttliche Mutter, die hilft.

F: Kann man den von der weiblichen Energie gelenkten spirituellen Weg eher einen der Transformation als der Transzendenz nennen?

MM: Nein. Transformation ist nur eine Seite des Vorgangs. Transzendenz, Vereinigung mit dem Göttlichen, ist das Hauptziel des Menschen. Die göttliche Person, der Avatar, hat das Ziel, dem Menschen dabei zu helfen, im Göttlichen zu sein. Umwandlung ist nicht das letzte Ziel, doch befähigt sie die Menschen, die Vereinigung mit Gott leichter zu erreichen.

F: Was beinhaltet die Transformation durch die Göttliche Mutter?

MM: Sie gibt Hilfe für das physische, geistige, vitale und spirituelle Wohlergehen. Sie gibt Frieden und hilft den Menschen, sich ihre Bedürfnisse zu erfüllen. Wenn Menschen auf der Erde in Schwierigkeiten sind, ist es die Göttliche Mutter, die Leid lindert und die Menschen erhebt.

Die Transformation der Welt

F: Müssen alle alten Strukturen der Menschheit, ihre Vorstellungen und Gewohnheiten, umgewandelt werden?

MM: Ja. Aber solche großen Veränderungen brauchen Zeit. Man muß sich um sie bemühen, muß sie erstreben. Großer Einsatz wird vom Menschen erwartet – Gott wird nicht alles tun. Wenn die Menschen sich der Gegenwart des Lichtes bewußt werden, kann die Umwandlung schneller vonstatten gehen. Das Licht wirkt in jedem Fall, doch sind sich dessen gegenwärtig nur wenige Menschen bewußt. Bald werden ihrer mehr sein, viel mehr, und dann kann das Werk wirkungsvoller vorangebracht werden. Dennoch erfreut euch des Lichts in der Zwischenzeit! Es ist da; laßt zu, daß es euch verwandelt. Die Transformation wird kommen, wenn die Zeit reif ist.

F: Ich sehe soviel Wahnsinn und Habgier auf der Welt, daß es mir schwerfällt zu glauben, daß eine Umwandlung der Menschen und der Welt möglich ist.

MM: Was du siehst, ist real. Doch das Gute im Menschen ist auch real. Die Sehnsucht nach Gott ist real, sie ist die allerwahrste Wirklichkeit des Menschen. Und Gott liebt den Menschen absolut. Daher wird die Umwandlung kommen, doch wird sie Zeit beanspruchen und langsam vor sich gehen. Ihre Fundamente müssen stabil gemacht werden.

F: Die Umgestaltung der Welt schließt eine Veränderung der banalsten wie auch der schwierigsten Aspekte des Lebens ein, nicht wahr?

MM: Es wäre keine Umgestaltung, wenn es das nicht bedeuten würde. Nichts darf ausgeklammert bleiben. Diejenigen, die mich lieben, werden sich mit allem in der Welt auseinandersetzen, mit aller Dunkelheit und mit allen Schwierigkeiten. Stellen sich die Leute vor, daß ich nicht arbeite oder daß der verwirklichte Mensch nicht arbeitet? Göttliche Arbeit ist die schwerste, und sie hat kein Ende. Ich fordere die Menschen auf, sich der ganzen Mühsal von Materie und Wirklichkeit zu stellen. Ich bin in einem Körper erschienen, um zu zeigen, daß dies möglich ist. Meine Gnade, meine Hilfe, mein Licht sind da, doch muß jeder sich auch selbst einsetzen. Die Menschen sollten nicht zu mir kommen, wenn sie nur vor etwas davonlaufen wollen. Ich bin nicht nur da, um Zuflucht zu gewähren; ich bin auch gekommen, um die Freude und die Kraft zu schenken, die für das Werk der Veränderung notwendig sind. Es gibt keine schnellen Antworten und einfachen Lösungen.

F: Ist diese Welt Gott besonders lieb?

MM: Gott sind alle Welten lieb. Seine Verantwortung ist es, für jede zu sorgen, so wie ein Gärtner alle Gärten in einem großen Anwesen pflegt.

F: Herr Reddy, Dein Onkel, sagte, Dein Erscheinen auf der Erde bedeute, daß der Mensch nun in der Lage sei, mit Gott bei der Neugestaltung der Welt zusammenzuarbeiten, daß er dafür endlich reif genug sei. Ist das so?

MM: Ja, doch muß er reif genug sein, um demütig zu sein. Er muß erkennen, daß er ohne das Licht gar nichts vermag. Er muß sich der höheren Macht zuwenden, jener Macht, die Liebe und Wissen ist.

Über Mutter Meera

F: Warst Du Dir Deiner Göttlichkeit bewußt, als Du Dich inkarniertest?
MM: Bevor ich hierherkam, wußte ich, wer ich war, wußte, daß ich mich inkarnieren würde, und kannte die Arbeit, die mich erwartete. Die Mutter steht über der Zeit.

F: Bist Du je Mensch gewesen?
MM: Nein.

F: Wußtest Du schon als Säugling, wer Du bist?
MM: Ja, ich wußte es immer.

F: Warum führst Du so ein normales und schlichtes Leben in einem stillen kleinen Ort in Deutschland?
MM: Um der Welt vor Augen zu führen, daß die Transformation etwas Normales ist, das überall und im täglichen Leben vollzogen werden kann.

F: Welchem der Aspekte der Göttlichen Mutter, die Aurobindo in seinem Buch »Die Mutter« erwähnt – Maheshwari, Mahasarasvati, Mahalakshmi, Mahakali –, fühlst Du Dich am nächsten, und gibt es noch andere außer diesen, die bei Deinem Wirken eine Rolle spielen?
MM: Ich verfüge über alle vier Aspekte, aber mehr noch über Durgas Qualitäten. Durga hat größere Geduld als die

anderen. Durga ist jener Aspekt der Mutter, der die Kinder mehr liebt und weniger straft. Sie verzeiht. Durga liebt die Menschen mehr, als es die anderen Göttinnen tun. Wenn Durga zerstört, so zerstört sie, was nötig ist, doch nicht im Zorn, sondern aus Liebe. Durga kommt auf jede Ebene herab, auf der sie gebraucht wird. Ihr könnt an Sie auf vielerlei Weise denken: als Mutter, als Lehrer, als Vater.

Adilakshmi: Ma besitzt wahres Mitgefühl. Wahres Mitgefühl ist ohne Sentimentalität. Sie weiß, daß sie uns im Feuer der Unwissenheit lassen würde, wenn Sie uns in unseren Illusionen tröstete. Wir, die wir wahre Liebe nicht kennen, entwerten diese, wenn wir sie auf unsere Ebene zu ziehen versuchen. Sie ist zugleich strenger und sanfter als das, was wir kennen.

F: Veränderst Du Dich?

MM: Mein Körper verändert sich, und mit eurer fortschreitenden Erkenntnis verändert sich eure Wahrnehmung von mir. Doch ich bin immer dieselbe gewesen und werde immer dieselbe sein.

F: Hast Du Wünsche?

MM: Mein tiefster Wunsch ist, bei Paramatman zu sein.

Adilakshmi: Wenn die Mutter auch in einem Körper ist, hat Sie dennoch den Wunsch, vollkommen bei Paramatman zu sein. Für Sie ist es ein großer Unterschied, im Körper oder mit Paramatman zu sein.

F: Was ist das für ein Unterschied, Mutter?

MM: Wenn ich in einem Körper bin, muß ich meine Pflichten gegenüber euch und gegenüber der Welt erfüllen. Wenn ich bei Paramatman bin, bin ich von all diesen Verantwortungen frei.

F: Ist das Dein Opfer: diese völlige Vereinigung aufzugeben, um hier bei uns zu sein?

MM: Ja.

F: Könntest Du etwas darüber sagen, wie Du die Welt und Gott erfährst?

MM: Obwohl ich hier sitze, habe ich meine eigene Weise, mich an andere Orte zu begeben. Obwohl mein Körper an einem bestimmten Ort ist, kann ich gleichzeitig anderswo sein, irgendwo in Thalheim zum Beispiel. Ich kenne die Vergangenheit, Gegenwart und Zukunft gleichzeitig, es gibt keine Dualität. Gewahrsein existiert immer – es gibt nur das Eine.

F: Du hast oft gesagt, daß es für Dich nie eine »Trennung« gebe. Was meinst Du damit?

MM: Für mich gibt es keinen Unterschied zwischen hier oder dort, hoch oder niedrig. Alles ist Gott, jede Tätigkeit ist göttlich, alle Welten und alle Götter sind hier.

F: Ist Dir das Wissen über jedes beliebige Geschehen oder Wesen zugänglich?
MM: Auf dieser Ebene oder auf höheren Ebenen?

F: Auf dieser Ebene.
MM: Welche Art von Information?

F: Zum Beispiel, was Gorbatschow jetzt gerade tut.
MM: Es ist nicht so leicht. Aber wenn ein ernstes Problem besteht oder jemand Hilfe braucht, so kann ich es wissen. Situationen, in denen meine Hilfe etwas bewirken kann, in denen kann ich wissen. Aber nur, um etwas aus Neugier herauszufinden – nein.

F: Kannst Du mit den Seelen von Menschen in Kontakt treten, die schon vor mehreren Jahren gestorben sind?
MM: Ich kann wissen, ob sich die Seele in einer guten Verfassung befindet oder nicht, aber ich kann nicht sagen, wo sie als nächstes wiedergeboren wird.

F: Die Leute stellen sich vor, daß ein Avatar alles auf allen Ebenen wissen müsse, wie eine Art Supercomputer.
MM: Als Mutter habe ich meine eigene, spezielle Arbeit, die ich genau kenne und von der ich genau weiß, wie sie zu tun ist. Das hat mit anderen Tätigkeiten, mit denen ich befaßt sein mag, nichts zu tun. Bei solchen weiß ich vielleicht manchmal etwas nicht. Meine Arbeit besteht nicht darin,

alles zu »wissen« – zum Beispiel, wo sich der gesuchte Hammer gerade befindet.

F: Nimmst Du Anrufungen um Deine Hilfe bewußt wahr, oder wirkt Deine Kraft automatisch?
MM: Die Gnade wirkt automatisch, wenn das Streben aufrichtig ist. Es ist nicht nötig, daß ich immer weiß. Wenn ich hier im Zimmer 20 Telefonapparate hätte und alle läuteten, wäre das zu nichts gut. Aber ich kann wissen, was ich will, wenn ich es will und wenn es notwendig ist.

F: Wenn Dir eine Frage gestellt wird, wie kommt dann die Antwort?
MM: Ich SEHE sie. Das war bei mir schon als Kind so.

F: Stehst Du mit anderen göttlichen Wesen in Verbindung?
MM: Ja.

F: Ist dein Bewußtsein beim Darshan in einem anderen Zustand als sonst?
MM: Nein. Weil die Devotees (Anhänger) sich beim Darshan mehr auf mich ausrichten und sich mir mehr öffnen als gewöhnlich, empfinden sie die Energie von mir als etwas Besonderes. Doch mein Bewußtsein ist immer dasselbe.

F: *Schon einen Tag nach Deiner schweren Operation emp-*
fingst Du Deine Anhänger und Schüler an Deinem Bett. Du
nutzt jeden Augenblick, um zu lehren und Deine Liebe zu
zeigen, nicht wahr?

MM: Das ist die göttliche Art. Ramana Maharshi gab noch
in seiner Sterbestunde Darshan, ebenso Anandamayima.
Jede Minute wird genutzt.

F: *Hast Du viel Leid und Schmerzen erfahren, dadurch daß*
Du die Verkörperung angenommen hast?

MM: Jeder leidet – das Göttliche, der Mensch, selbst die
bösen Mächte –, allerdings auf verschiedenen Ebenen. So
viele heilige Wesen litten schwer. Christus wurde gekreu-
zigt, Aurobindo hatte große Not mit seinem Bein, Ramakrishna litt an Kehlkopfkrebs. Für körperlichen Schmerz
kann man Medizin bekommen. Welche Medizin gibt es für
göttlichen Schmerz?

F: *Kannst Du nicht Dein eigenes Leid darbringen und es so*
verwandeln?

MM: Ihr habt die Möglichkeit, euren Schmerz mir darzubringen. Ich kann meinen Schmerz niemandem darbringen,
außer Paramatman. Leid kommt vom Höchsten; sowohl das
Licht als auch der Schmerz kommen von dort. Der Avatar
hat ein Dharma (Pflicht, Aufgabe) wie jeder andere auch
und muß den Schmerz, Avatar zu sein, tragen. Das ist meine Rolle in dem Spiel. Ich muß tun, was der Höchste sagt.

F: Worin besteht der Schmerz des Avatars?

MM: Das Leben in der Öffentlichkeit bringt viele Fragen und Schwierigkeiten mit sich. Es schmerzt manchmal, wenn man zu Unrecht beschuldigt wird, und manchmal ist es auch schwer, mit der Unwissenheit zu tun zu haben.

F: Können wir Dein Leid wegnehmen helfen, indem wir Dich mehr lieben?

MM: Ihr könnt mein Leid nicht wegnehmen. Aber durch die Liebe derer, die zu mir kommen, kann ich es ertragen. Wenn Liebe, Treue, Aufrichtigkeit und Hingabe bestehen, werde ich länger leben. Das ist bei jedem Avatar so. Der Avatar ist Liebe, und nur Liebe kann ihn binden.

F: Verletzt Dich Undankbarkeit?

MM: Ich nehme sie fast immer leicht. In sehr seltenen Fällen schmerzt sie.

F: Fühlst Du Dich verletzt, wenn die Menschen nicht annehmen, was Du geben möchtest?

MM: Der Wunsch, zu geben, besteht nicht. Die Menschen mögen annehmen, was immer sie können.

F: Fürchtetest Du Dich als Kind, als das Licht anfing, in Deinen Körper einzudringen?

MM: Nein, ich fürchte mich nie. Als Kind ging ich immer gern allein hinaus in die Dunkelheit. Man sagte mir, das sei gefährlich, überall gebe es Skorpione. Aber ich hatte nie Angst davor.

F: *Wirst Du Dich wieder auf der Erde inkarnieren?*
MM: Ich weiß nicht. Es hängt erstens von dem Gebot Paramatmans ab und in zweiter Linie von den starken Wünschen und Bitten der Devotees, mich wieder zu inkarnieren.

F: *Was siehst Du, wenn Du in den Spiegel schaust?*
MM: Was ich sehe, ist für mich nicht interessant.

F: *Sweet Mother von Pondicherry sagte einmal, die Tatsache, daß jemand in ihrer Nähe weile, bedeute nicht, daß diese Person zu ihr auch eine tiefere spirituelle Beziehung habe. Ist das bei Dir genauso?*
MM: Man kann nicht verallgemeinern. Viele Faktoren spielen eine Rolle.

F: *Nimmst Du jeden an, der zu Dir kommt?*
MM: Ich nehme jeden an, der aufrichtig zu mir kommt. Ich kann ihn oder sie nicht abweisen, auch wenn diese Person Probleme verursacht. Das ist die Art der Mutter.

F: *Waren einige Deiner Anhänger schon früher einmal mit Dir inkarniert?*
MM: Nein, aber sie hatten eine Beziehung zum Göttlichen. Die Macht der verschiedenen Meister ist gleich. Was die

Devotees anzieht, ist die jeweilige Persönlichkeit des Meisters.

F: *Hast Du manchmal das Gefühl, Deine Anhänger möchten Dich in Beschlag nehmen?*
MM: Viele glauben, sie könnten mich besitzen, aber ich werde mich stets entziehen. Ich bin immer frei gewesen und werde es auch immer sein.

F: *Anhänger von Dir haben manchmal das Empfinden, Du würdest sie mehr oder weniger mögen als andere oder Du wärst über sie verärgert oder auch mit ihnen zufrieden. Hast Du solche Gefühle in bezug auf die verschiedenen Devotees?*
MM: Wenn Menschen mit mir arbeiten müssen, kann so ein Empfinden eher auftreten. Es ist nicht so, daß ich den einen mehr mag als den anderen. Mit wem ich arbeite, hängt von der Arbeit ab, die zu tun ist. Allen gilt meine Liebe gleichermaßen. Manchmal werde ich ärgerlich, wenn ich mit jemandem arbeite, der darauf besteht, etwas auf seine Art zu tun, während ich weiß, daß das zu lange dauern und nicht gut sein wird. Solcher Ärger aber – der selten vorkommt – entsteht nur in einer Arbeitssituation. Ich werde z. B. nicht böse auf einen Devotee, der einem anderen etwas Schlechtes zufügt. Ich verändere ihn.

F: Wenn man bei Dir oder um Dich ist – wie sollte man am besten sein?

MM: Sei einfach, froh und friedvoll, mit nicht zu vielen Gedanken.

F: Fühlst Du Dich irgendeinem Land besonders verbunden?

MM: Wo immer ein Streben ist, dort bin ich glücklich. Mein Werk gilt nicht nur einem Land oder einer Rasse oder einem Volk, es ist für die ganze Welt.

F: Mutter, warum sprichst Du in diesen Tagen so wenig über Deine eigenen Erfahrungen?

MM: Die Menschen können für meine Arbeit nichts tun, solange sie nicht selbst verwirklicht sind. Daher sollte alle Energie für dieses Werk der Verwirklichung eingesetzt werden. Was nützt es, anderen Dinge zu erzählen, die sie nicht verstehen können, solange sie nicht verwirklicht sind? Es könnte sie verwirren, es könnte sie eitel oder überheblich machen. Was ich möchte, ist völlige Schlichtheit und völlige Hingabe – keine Worte, keine Diskussionen, sondern Taten.

F: Was ist für Dich die tiefste Erfahrung?

MM: Wenn Menschen glücklich sind, das ist die tiefste Erfahrung für mich.

F: Die Mutter hat viele Gesichter: zurückgezogen, hoheits-
voll, schelmisch, verärgert, zärtlich … Welches ist das wirk-
liche Gesicht?

MM: Alle sind wirklich. Aber am wirklichsten ist das Gesicht der Liebe. Das behaltet stets im Auge, was immer auch
geschieht. Dem wendet euch zu in allen Schwierigkeiten,
denen ihr begegnen mögt. Dieses verehrt in jedem
Schmerz, den ihr zu durchleiden habt – und alle Freude und
aller Mut werden euch zuteil werden. Die vollkommene
Liebe zur Mutter besteht darin, ihr Gesicht der Liebe in
allem zu sehen, was geschieht. Wenn du diese Liebe er-
reichst, kannst du alles vollbringen. Es gibt ein Lied in Telugu: »Liebe bringt den Stein zum Schmelzen, macht zu
Wasser einen Berg …« Vollkommene Liebe kann nie be-
siegt werden, da sie unendlich ist.

Avatare

F: Avatare sind Inkarnationen des Göttlichen, die zur Erde herabgestiegen sind, um den Geschöpfen der Erde zu helfen. Ist ein Avatar jeweils die Inkarnation eines Aspektes des Göttlichen oder des gesamten Göttlichen?

MM: Gott und der Avatar sind in einer Weise dasselbe und in anderer Weise verschieden. Der Avatar kommt aus Gott und hat die Macht und das Licht Gottes. Dennoch können wir einen Unterschied sehen, denn der Avatar hat einen menschlichen Körper, während Gott formlos ist und zugleich alle Gestalten besitzt. Jeder Avatar ist eine Teiloffenbarung des Göttlichen, des Paramatman.

F: Welche Beziehung haben Avatare untereinander und zu Gott?

MM: Jeden Avatar kann man als eine Facette eines Diamanten, gleichzeitig aber auch als den ganzen Diamanten betrachten. Was wir sehen, ist eine Facette, doch ist der ganze Diamant sowohl hinter dieser Facette als auch um sie herum.

F: Ist jedem Avatar ein bestimmter Einflußbereich und eine besondere Aufgabe gegeben?

MM: Ja, jeder Avatar hat eine andere Aufgabe zu erfüllen.

F: Sind alle Avatare gleich mächtig?

MM: Alle Avatare und Gurus haben dieselbe Absicht, die Menschheit zu Gott zu erheben, doch gehen sie dabei verschieden vor, und die Wege und Techniken sind verschieden.

F: Warum tun sich die Menschen im Westen so schwer, an Avatare zu glauben?

MM: Im Westen mißt man der materialistischen Sicht der Dinge übermäßige Bedeutung bei. Weil das materielle Leben der Menschen systematisch abläuft, haben sie wenig Zeit oder Antrieb, darüber nachzudenken, ob es einen Avatar geben könnte. Und selbst wenn ein solcher erscheint, sind viele Menschen im Westen nicht bereit, sich die Zeit zu nehmen, Ihn aufzusuchen.

F: Selbst tiefgründige Denker im Westen haben verneint, daß sich das Göttliche in menschlicher Gestalt inkarnieren könne.

MM: Der Avatar ist trotzdem eine direkte Inkarnation Gottes.

F: Kann sich das ganze Göttliche in einem Körper inkarnieren?

MM: Man kann nicht sagen, daß die Gesamtheit von Paramatman im Körper des Avatars sei, da der Körper eine Begrenzung darstellt, während Paramatman grenzenlos ist. Der Avatar inkarniert einen Teil des Göttlichen, jedoch kann er sich jeder der göttlichen Kräfte, die irgendwann zu irgendeinem Zweck notwendig sind, bedienen.

F: Herr Reddy sagte einmal, ein verwirklichter menschlicher Guru sei nicht mehr als ein Fingernagel an einer der tausend Hände eines Avatars. Stimmt das?
MM: Ja, die Macht des Avatars, Dinge zu verändern, ist sehr viel größer.

F: Wie können wir anderen helfen, das zu verstehen?
MM: Man kann versuchen, andere durch Erklärungen zu überzeugen, doch oft erweist sich das als schwierig. Sobald sie aber selbst eine Erfahrung gemacht haben, sind Worte gar nicht mehr nötig.

F: Welche Beziehung besteht zwischen einem Avatar und der Welt?
MM: Avatare, genauso wie Gott, erwarten nichts von ihren Anhängern oder von der Welt. Sie gehen ihrer Aufgabe nach, unabhängig davon, wie die Welt auf sie reagiert. Obgleich Gott Avatare zur Erde sendet, erkennen die Menschen oft nicht, daß ein Wesen ein Avatar ist. Sie sehen es vielleicht nur für den Bruchteil einer Sekunde.

F: Worin besteht im allgemeinen das Werk der Avatare für die Welt und die Menschen?
MM: Im allgemeinen, wenn Menschen die Avatare um et-

was bitten, wird ihnen geholfen. Avatare helfen denen, die in Schwierigkeiten sind und leiden, und wenden sie von falschen Wegen ab. Sie kommen, um Wesen aller Art zu helfen: Tieren, Pflanzen, Menschen und Geschöpfen in allen fünf Elementen.

Die Möglichkeit, sich zu entwickeln und sich zu ändern, besteht für die Menschheit immer, ob ein Avatar auftritt oder nicht. Auf ganz natürliche Weise glauben die Menschen an eine höhere Wirklichkeit. Jedoch wenn ein Avatar erscheint, empfinden sie diese Möglichkeit deutlicher, und ihr Streben ist intensiver.

F: Wenn wir Dich in einer kosmischen Vision sehen könnten, so wie Arjuna Krishna sah, würden wir die ganze Göttliche Mutter in Ihrer Glorie um Dich herum sehen?
MM: Jeder würde den Avatar in seiner ganz persönlichen, einzigartigen Weise sehen.

F: Du sagtest, es gebe sowohl Mütter als auch Väter. Welche Art von Kraft bringen die Väter herab, und wie unterscheidet sich diese von der der Mütter?
MM: Alle Avatare kommen vom gleichen Ursprung, und das Licht, das sie herabbringen, ist dasselbe. Doch sind die Zwecke der einzelnen Inkarnationen verschieden. Aber sowohl die männlichen als auch die weiblichen mögen z. B. für den Frieden oder die Umwandlung oder Harmonie wirken.

F: *Wissen Avatare von Anfang an, daß sie göttlicher Herkunft sind, oder erwacht dieses Wissen erst langsam in ihnen? Hat z. B. Jesus nicht erst in seinem späteren Leben seine göttliche Mission erkannt?*

MM: Jesus wußte von Anfang an, daß er der Sohn Gottes war. Die wechselnden Erfahrungen im Leben eines Avatars haben mehr damit zu tun, der Welt deutlich zu machen, wer Er bzw. Sie ist.

F: *Was genau brachten Jesus und Krishna zur Erde?*

MM: Jesus symbolisierte das Opfer. Krishna brachte Liebe und Frieden und tötete einige der Asuras (Dämonen) der damaligen Zeit.

F: *Ist die Jungfrau Maria ein Avatar?*

MM: Daran besteht kein Zweifel.

F: *Welchen Aspekt der Göttlichen Mutter drückt Sie im besonderen aus?*

MM: Sie verkörpert das Mitgefühl.

F: *In der katholischen Kirche nimmt das Interesse an Maria immer mehr zu. Könntest Du etwas über den Zweck Ihres Wirkens sagen?*

MM: Bei Maria gibt es die Qualität der Mutterschaft. Sie erscheint, um ihre Kinder zu beschützen.

F: Ist es wirklich die heilige Jungfrau, die in Medjugorje erscheint?
MM: Ja, Sie erscheint dort.

F: Werden Maria oder Jesus sich wieder inkarnieren?
MM: Weil es den Menschen schwerfällt zu glauben, daß eine leibliche Verkörperung wirklich Jesus oder Maria sein könnte, zeigen Sie sich in Erscheinungen wie in Medjugorje.

F: Wie ist es möglich, daß Avatare krank werden? Sie haben doch sicher kein persönliches Karma.
MM: Avatare haben auch ein bestimmtes Karma. Da Sie in der Welt leben, haben Sie einen Körper aus demselben Stoff wie der der anderen. Körper sind den Naturgesetzen unterworfen mit ihrem unvermeidlichen Leid. Manchmal sorgen Avatare für ihre Jünger und nicht für sich selbst; manchmal nehmen Sie auch das Karma der Jünger auf sich. Aber der Schmerz, den Avatare erfahren, wird nicht so tief empfunden, er wird nicht als Leid erlebt.

F: Avatar zu sein ist ein »Beruf«, nicht wahr?
MM: Ja, es ist eine Art des göttlichen Lebens. Ich tue, was Paramatman mir sagt. Befiehlt Er mir herabzukommen, so komme ich herab.

F: Könnte man sagen, ein Avatar ist verwirklicht?

MM: Verwirklichung ist kein Wort, das man für eine Person gebrauchen kann, die direkt aus dem Göttlichen kommt, sondern nur für diejenigen, für die es etwas zu erreichen gibt, also Menschen.

F: Worin unterscheidet sich das Werk eines Avatars von dem eines selbstverwirklichten Gurus?

MM: Avatare kommen vom Göttlichen her, während Menschen, die sich verwirklichen, zu Gott hingehen. Avatare sind immer eins mit Gott und verlieren nie das Bewußtsein des Göttlichen, im Gegensatz zu Gurus, die als Unwissende begannen. Um sich zu verwirklichen, arbeiten Menschen intensiv – durch geistige Übungen, Meditation, Japa – und ernten dann die Früchte. Da sie sich sehr bemühten, erwarten sie das auch von anderen. Sie haben nicht soviel Geduld wie göttliche Personen. Auch können Avatare Dinge rascher verändern.

Lehrer und Gurus

F: Sollten wir Gurus folgen?

MM: Das kommt auf den Guru an. Unter außergewöhnlichen Umständen kann ein Guru notwendig, ja sogar entscheidend wichtig für die spirituelle Entwicklung sein. Im allgemeinen ist es am besten, direkt zum Höchsten zu beten oder sich Ihm durch eine seiner göttlichen Inkarnationen zu nähern. Das ist nützlicher. Wenn ein menschlicher Guru dir Belehrungen gibt, die dich in deinem Herzen dem Göttlichen näherbringen, so höre zu, sei dankbar und befolge sie. Aber sei dir über die Grenzen jedes menschlichen Gurus im klaren. Er kann nur die Richtung weisen, er kann dich nicht zum Ziel bringen. Wenn du Gott sehen willst, warum bittest du Ihn nicht direkt?

F: Ein Avatar kann Licht schenken. Aber kann ein Guru das nicht auch?

MM: Ja, ein Guru kann auch Licht schenken, aber es ist eine andere Art von Licht.

F: Warum vollbringen manche Avatare, wie Sai Baba, »Wunder«?

MM: Um den Geist anzuziehen und zu Gott hinzuführen.

F: Wie können wir wissen, ob jemand ein echter Guru ist?
MM: Wenn wir in seiner Gegenwart Frieden und Glück spüren, ist das ein Zeichen, daß der Guru uns helfen kann. Allerdings, wenn wir zu einem Guru gehen und nichts spüren, bedeutet das nicht, daß der Guru nichts zu geben hat, sondern nur, daß wir im Augenblick nicht brauchen, was er zu geben hat. Die Beziehung zwischen Guru und Schüler hängt davon ab, inwieweit der Guru dem Schüler auf seiner gegenwärtigen Entwicklungsstufe helfen kann. Ab einer bestimmten Stufe ist die Beziehung zu diesem Guru dann beendet, und der Schüler geht zu einem anderen Guru. Ein Guru verfügt über alle Fähigkeiten des Lehrens und kann gleichzeitig Kindergarten-Lehrer für einen Schüler und Universitätsprofessor für einen anderen sein.

F: In alten Zeiten war es oft sehr schwer, einem Meister zu begegnen. Warum ist es jetzt leichter?
MM: Es ist immer noch schwer. Menschen mögen zu mir kommen, aber um zu erkennen, daß ein Avatar ein Avatar ist, sind Jahre wirklichen Strebens und Tapasyas (spiritueller Disziplin) nötig.

F: Jeder hat seinen eigenen Weg zu Dir, nicht wahr?
MM: Ja. Jedes Kind liebt seine Mutter mit seinem eigenen Temperament, seinem eigenen Wesen. Und die Mutter liebt jedes Kind seiner Natur gemäß.
Adilakshmi: Einige haben die Mutter als Buddha, Krishna

oder Maria gesehen. Manche hatten Visionen von Ihr, die hinduistischen, buddhistischen oder christlichen Anschauungen entsprechen. Die Mutter lehrt jede Seele in der Weise, die ihr am vertrautesten ist.

Sich dem Licht öffnen

F: Wenn jemand um Deine Hilfe bittet, sagst Du einfach ja. Auf welche Weise hilfst Du?

MM: Es gibt verschiedene Arten von Licht für unterschiedliche Zwecke. Ich schicke dasjenige Licht, das gebraucht wird.

F: Welches sind die verschiedenen Lichtarten, und welche Merkmale haben sie?

MM: Das goldene und das weiße Licht sind das Licht Paramatmans; diese zwei sind am wichtigsten. Die anderen gehören Avataren, Göttern und Göttinnen. Durgas Licht ist rot, und sein Merkmal ist Macht. Das blaue Licht ist Krishna, und es ist das Licht des Wissens und der Liebe. Violettes Licht ist für körperliche Gesundheit. Grün ist die Farbe der Lebenskraft in der materiellen Welt. Orange ist die Farbe des Opfers, die Farbe der Sannyasins (Mönche).

F: Wie ist ein Devotee am aufnahmefähigsten für Dein Licht?

MM: Wenn Menschen einen ruhigen Geist haben, nehmen sie mehr auf. Wenn sie ruhelos sind, spüren sie nicht, was ich gebe. Ich gebe ohnehin, was ich geben kann und was der Betreffende braucht. Jedoch wenn jemand ruhig ist, kann er sich des Vorgangs bewußt werden.

F: Ich bekam den Eindruck beim Lesen des Buches »Die Mutter«, daß es ein ganz bestimmter Augenblick ist, in dem man das supramentale Licht oder das Licht Paramatmans empfängt. Aber nimmt man es, bis zu einem gewissen Grad, nicht immer auf?

MM: Menschen empfangen das Licht nicht ständig, sondern nur in besonderen Augenblicken, wie beim Darshan. Während des Pranam und Darshan besteht die Wirkung des Lichts darin, ein Gleichgewicht zwischen dem weltlichen und dem spirituellen Leben herzustellen. Außerhalb des Darshans gibt es seltene Augenblicke, in denen Licht empfangen wird und in den Menschen ein schnelles spirituelles Wachstum bewirkt.

F: Wie nehmen wir das Licht auf, und was empfinden wir, wenn wir es empfangen?

MM: Es wird auf vielerlei Weise aufgenommen. Einige nehmen es durch den Kopf, andere durch die Finger auf. Einzelheiten sind aber nicht wichtig, die Wirkung ist wichtig: eine unverkennbare, außerordentliche Leichtigkeit und Freude und Frieden. Das supramentale Licht kann leicht ein brennendes Empfinden hervorrufen, wenn man es aufnimmt. Das Licht des Höchsten aber tut nicht weh. Man kann das Licht überall und zu jeder Zeit empfangen. Nachdem ihr das wißt – öffnet euch diesem Licht unverzüglich, die Zeit ist kostbar!

F: Auf welcher Stufe der spirituellen Praxis nehmen wir das Paramatman-Licht direkt wahr?

MM: Ich kann nicht sagen, auf welcher Stufe ihr sein werdet, wenn ihr es seht. Das hängt von der Stärke des Verlangens ab, es zu sehen, und auch davon, wie weit ihr in eurem Üben fortgeschritten seid. Es ist das Ziel des Menschen, das Paramatman-Licht zu sehen – erst, es zu sehen, und dann, darin aufzugehen.

F: Was hindert uns daran, das Licht zu sehen?

MM: Ihr habt eure Pflichten und könnt euch nicht nur auf das Paramatman-Licht ausrichten. Wenn die Zeit gekommen ist, wird euch nichts davon abhalten, es zu sehen.

F: Könntest Du bitte beschreiben, wie es ist, wenn man sich dem Licht öffnet?

MM: Das Licht macht immer glücklich. Es kann an jeder Stelle des Körpers eindringen und in ganz verschiedener Weise erfahren werden. Man kann es nicht verallgemeinern; manche empfinden vielleicht zuerst einen Schmerz oder spüren es auch überhaupt nicht im Körper.

Wenn das Licht eindringt, gibt es vielfältige Wirkungen. Man fühlt sich glücklich, auch wenn man vorher litt. Wenn man arbeitet, geschieht es ohne Anstrengung und ohne gebunden zu sein. Obwohl man nicht das Gefühl hat, überhaupt etwas zu tun, zeitigt die Arbeit gute Ergebnisse. Der

Arbeitseifer ist geringer, und dennoch erledigt man mehr, weil die Arbeit leicht von der Hand geht.

F: Manchmal kommt das Licht mit einer solchen Intensität, daß ich meine, ich überlebe es nicht.
MM: Das Licht wirkt immer im Rahmen unserer Grenzen.

F: Vermittelt Dein Licht auch Erkenntnis?
MM: Wer zu mir zum Darshan kommt, empfängt, was immer er braucht. Mit dem Licht wird nicht notwendigerweise Wissen übermittelt. Wenn unsere Hingabe, unsere Ergebenheit und Demut tief und tiefer werden, wird Wissen von Paramatman kommen und uns die Dinge zunehmend klarer machen.

F: In welcher Beziehung stehen Frieden und Seligkeit zu dem Licht?
MM: Sie kommen von dem Licht. Was von beiden ihr erfahrt, hängt ab von eurer Persönlichkeit, eurem früheren Karma, eurem Bewußtseinszustand und eurem Weg – Bhakti (Hingabe), Karma (Handlung), Jnana (Erkenntnis) usw.

F: Wie kann ich mich den Aspekten des Lichts – Frieden und Seligkeit – öffnen, die ich zur Zeit nicht erfahre?
MM: Meditiere, mache Japa mit einem Namen des Göttlichen. Das kann man überall tun.

F: Nimmt unser Karma ab in dem Maß, in dem wir mehr verstehen?

MM: Ja. Je mehr ihr ins Licht geht, desto mehr nimmt euer Karma ab, und wenn ihr Verwirklichung erlangt, verschwindet es.

Aspekte des Weges

F: Wird in diesem Yoga wirklich alles durch das Göttliche bewirkt?
MM: Ja, alles kommt von oben herab.

F: Warum lehrst Du in der Stille?
MM: Die Menschen wollen Vorträge, ich gebe ihnen Stille. Damit der Geist aufblühen kann, muß er über das hinausgehen, was er kennt.

F: Ist der Rhythmus deiner Stille auch der Rhythmus der Kraft der Natur selbst?
MM: Ja, es ist derselbe. Es gibt nur einen wirklichen Rhythmus. In der Stille könnt ihr ihn hören. Wenn man für den Rhythmus dieser Stille lebt, wird man langsam selbst zu ihm. Alles, was man tut, tut man dann im Einklang mit ihm.

F: In welcher Beziehung stehen Deine Stille und die Entwicklung deiner Devotees?
MM: Ich spreche nicht, aber meine Kraft verwandelt die Menschen vollständig. Die Kraft des Göttlichen wirkt in der Stille, und sie wird die Dinge entsprechend euren Zielen und dem, was ihr erbittet, verändern. Manchmal kann ich das, worum ihr bittet, sofort geben, manchmal braucht es Zeit. Manche bitten um jede Kleinigkeit, andere wiederholen ihre Bitten fortwährend – es hängt vom einzelnen ab.

Aber ob ihr nun bittet oder nicht, ist nicht entscheidend. Ich gebe, was nötig ist.

F: Mir scheint, wir gehen, wenn wir uns Dir übergeben, in ein gewaltiges Kraftfeld, in dem unsere Wirklichkeit sehr schnell und tiefgreifend umgewandelt wird, damit uns deutlicher wird, was wir noch begreifen müssen. Könntest Du dazu etwas sagen?

MM: Wenn ihr in meine Nähe kommt oder in Verbindung mit mir tretet, beschleunigt sich eure Entwicklung und euer Karma nimmt ab. Aufgrund meiner Kraft könnt ihr in diesem Leben mehr lernen und klarer und ruhiger sehen, so daß sich Erkenntnis leichter einstellt. Ich gebe Licht, um euch zu zeigen, was ihr lernen müßt. In dem Maß, in dem ihr wachst, erkennt ihr eure Mängel deutlicher. Das geschieht durch die Gnade des Göttlichen.

F: Welches ist die beste Art, Deiner inneren Lehre zu folgen?

MM: Seid wie ein Kind – rein, voll Liebe, spontan, unendlich flexibel und jeden Augenblick bereit, zu staunen und Wunder zu akzeptieren.

F: Das Leid, das sich auf diesem Weg ergibt, ist genau umrissen, nicht wahr?

MM: Ja. Es dauert nur so lange, wie es nötig ist. Mein Weg ist der Weg der Freude. Jeder Schmerz, der auftritt, soll euch das Wesen der Freude tiefer begreifen lassen und euch in die Freude führen.

F: Manchmal habe ich die Vorstellung, daß Du meine Seele wegbrennst.

MM: Nein, deine Seele ist immer bei mir. Ich verbrenne die Hülle deiner Seele. Das Licht brennt sie weg, so daß deine Seele frei sein kann. Du mußt danach verlangen, daß das Feuer bleibt und seine Wirkung tut. Dieses Verlangen macht das Holz trocken. Wenn es nicht trocken ist, dauert es länger, bis es brennt.

F: Wie kann ich dieses »Wer bin ich?« verwirklichen?

MM: Laß das »Ich« los, und du wirst es wissen.

F: Welche tägliche Disziplin hilft uns, das Göttliche zu verwirklichen?

MM: Erinnere dich des Göttlichen in allem, was du tust. Wenn du Zeit hast, meditiere. Bringe alles dem Göttlichen dar – das Gute wie das Schlechte, das Reine wie das Unreine. Das ist der beste und schnellste Weg.

F: Ist Deine Methode deshalb so einfach, weil Deine Macht als Avatar so gewaltig ist?

MM: Ja. Viele sind der Meinung, daß man einer komplizierten Methode nur schwer folgen kann.

F: Wird unsere Entwicklung beschleunigt, wenn wir uns einem Avatar, wie Du es bist, überantworten?

MM: Es hängt vom Grad der Hingabe ab, aber durch einen Avatar ist alles möglich.

F: Verlangt dieser Yoga einen Rückzug aus der Welt?

MM: In gar keiner Weise. Erforderlich ist vielmehr eine Synthese, eine Ausgewogenheit des äußeren und inneren Lebens.

F: Was bedeutet Spiritualität?

MM: Spiritualität bedeutet, das Göttliche zu lieben, zu Ihm zu streben, sich des Göttlichen zu erinnern und Ihm ergeben zu sein. Spiritualität bedeutet nicht, daß man kein erfülltes Leben in der Welt führen kann. Ihr solltet euch nicht aus der Welt zurückziehen. Jedoch sollte das Göttliche an erster Stelle stehen.

F: Wie kann man an Gottes Werk mitarbeiten?

MM: In der Stille übergebt ihr euch Ihm, und Er wirkt durch euch. Gott wirkt zwar ständig durch euch, doch ist es wichtig, sich dessen bewußt zu werden und mitzuarbeiten. Dies geschieht durch Ergebung, Liebe, durch den Wunsch, der echter Liebe entspringt, nämlich mit dem ganzen Sein zu dienen, und durch das Wissen um die Herrlichkeit Gottes, welches aus der Liebe zu Gott erwächst. Es kann lange dauern, bis man echte Hingabe lernt, oder es geschieht im Nu. Das hängt von der Reife der Seele ab.

F: Könntest Du bitte einen »reifen« Devotee beschreiben.
MM: Wenn Menschen offen sind und reich an weltlicher und spiritueller Erfahrung, dann sind sie reif für die Verwirklichung und das Verschmelzen mit dem Göttlichen.

F: Devotees, die in der Umgebung eines großen Meisters leben, meinen oft, sie seien die Auserwählten.
MM: Jeder hier denkt, daß er etwas Besonderes sei. Aber um wirklich etwas Besonderes zu sein, muß man wissen, daß man nichts ist.

F: Könntest Du etwas über die Eigenschaft des Vertrauens zum Göttlichen sagen, die in diesem Yoga wichtig ist?
MM: Seid einfach. Seid wie ein Kind. Das Kind weiß nicht, wohin die Mutter geht, aber es liebt sie und läßt sich von ihr tragen. Es weiß, daß die Mutter ihm nie ein Leid zufügen wird.

F: Manche Devotees sagen: »Wir tun nichts, die Mutter tut alles für uns.« Ist das die höchste Weisheit oder einfach Faulheit?
MM: Es ist nicht der richtige Weg. Das ist eine Art, eigenen Pflichten zu entfliehen.

F: In dem Buch »Die Mutter« sagst Du: »Rasch, macht schnell, erwacht! Werdet bewußt! Tretet vor und helft der Welt! Die Erde wartet auf das Licht.« Wie können wir schnell machen?

MM: Seid weniger auf das weltliche Leben ausgerichtet. Wendet euch mit ungeteilter Aufmerksamkeit Gott zu, aber erfüllt weiterhin eure Pflichten.

F: Wie können wir wissen, ob wir das Göttliche erreichen werden?

MM: Jeder weiß, wieviel Zeit er dem Göttlichen widmet und in welchem Maß er sich Ihm überantwortet hat.

F: Kann ich das Göttliche durch Kunst oder Arbeit erreichen?

MM: Gehe zum Göttlichen nicht durch irgend etwas – gehe den direkten Weg. Verwirkliche dich selbst und sorge dafür, daß all dein Tun mit Licht erfüllt ist. Lebe nicht nur für deine Arbeit. Lebe für Ihn, und verrichte deine Arbeit in Ihm und für Ihn. Wenn du dich Ihm wahrhaft übergibst, wirst nicht länger du es sein, der handelt, sondern Er handelt durch dich. Du wirst zu einem Kanal für Seine Macht, Seinen Willen, Sein Licht werden. Dies erfordert Zeit und große Reinheit von Herz und Absichten.

F: Würdest Du bitte den inneren Zustand eines Menschen beschreiben, der im spirituellen Sinn offen ist.

MM: Offen zu sein bedeutet, wie ein Kind zu empfangen –

einfach, ohne Deutungen, ohne Denken. Offene Menschen sind nicht starr, sie nehmen alles an und haben eine weite Schau. Spirituell offene Menschen helfen automatisch anderen, wer diese auch immer seien.

Offene Menschen können auf ganz unterschiedliche Weise leben. Der eine mag zufrieden sein, eine Familie zu haben und deren Mitglieder glücklich zu machen. Ein anderer mag seine Familie verlassen und als Sannyasin leben. Ein dritter mag zwar in seiner Familie bleiben, jedoch sich von ihr losgelöst fühlen und auch anderen behilflich sein.

F: Gibt es körperliche Schäden, wie z.B. eine Wirbelsäulenverletzung, die die spirituelle Entfaltung blockieren können?
MM: Keine physischen Schäden können die spirituelle Entfaltung blockieren.

F: Was können wir tun, um uns der Mutter noch mehr zu öffnen?
MM: Ihr müßt aus ganzem Herzen beten, Japa zu einer göttliche Person oder zu einem Guru machen und aufrichtig sein.

F: Wie wichtig ist Entspannung für die spirituelle Öffnung?
MM: Entspannt und friedvoll zu sein ist das Wichtigste, damit eine Öffnung stattfinden kann. Wenn ihr ruhelos seid, könnt ihr euch dem Göttlichen nicht öffnen.

F: Welche Bedeutung hat Disziplin im spirituellen Leben?
MM: Disziplin ist hilfreich für die Entwicklung eines vollständigen Lebens im weltlichen, psychischen und geistigen Bereich. Disziplin erleichtert das Leben in der Welt.

F: Wie wichtig ist bei Deiner Arbeit die Geduld?
MM: Geduld ist unentbehrlich. Ein Gärtner weiß, daß er nach dem Einsetzen einer Pflanze die Naturgesetze respektieren und warten muß.

F: Glauben ist nicht genug – müssen wir nicht auch WISSEN?
MM: Glaube ist nur der Anfang. Um stark zu sein, muß man sehen. Dann kann man alles ertragen und alles erreichen. Dann ist es einfach, die Arbeit auszuführen. Nötig ist das Gewahrsein der Einheit in jedem Augenblick. Daraus erwachsen Liebe, Wahrheit und göttliche Kraft.

F: In welcher Beziehung stehen Ethik und spirituelle Entwicklung zueinander?
MM: Wenn man jemanden haßt, kann man sich nicht entwickeln; also muß man Haß in Liebe verwandeln. Wenn man negative Gefühle unterhält, ist man nicht liebevoll, und ohne Liebe kann man sich dem Göttlichen nicht öffnen.

F: Ist Neugier ein ausreichender Grund, um Dich aufzusuchen?
MM: Absolut nicht. Ich möchte, daß die Menschen kom-

men, weil ihr Herz sie dazu drängt, und nicht, weil sie neugierig sind. Dies ist eine ernsthafte Arbeit.

F: Warum hast Du keine Vorschriften für Deine Anhänger?
MM: Welchen Nutzen hat es, den Menschen etwas vorzuschreiben? Oft sind sie anderer Meinung, und dann rebellieren sie. Die Menschen müssen in sich selbst stark werden. Ich sage nichts, jedoch mein Licht verändert sie in ihrem Inneren und hilft ihnen herauszufinden, was sie wirklich wollen und brauchen. Wichtig ist, zu beten und Licht zu empfangen. Das allein wird euch verändern. Wenn sich das Herz zu Gott öffnet, folgen die Regeln. Für jeden gelten eigene Regeln entsprechend dem jeweiligen Grad der Erkenntnis. Nötig ist nur, daß ihr mir innerlich folgt. Dann werdet ihr zu allen Zeiten wissen, was ihr tun und wie ihr handeln müßt.

F: Erwartest Du ein bestimmtes Verhalten von Deinen Anhängern?
MM: Ich möchte, daß ihr völlig ihr selbst seid. Jeder ist für mich einzigartig. Jeder entwickelt sich in anderer Weise, hat eigene Bedürfnisse. Ich achte jeden als das, was er ist. Wenn ihr erkennt, daß ihr ewig seid, könnt ihr eure wahre Rolle in der Zeit spielen. Wenn ihr erkennt, daß ihr göttlich seid, könnt ihr vollkommen menschlich werden. Wenn ihr erkennt, daß ihr eins seid mit Gott, habt ihr die Freiheit, absolut ihr selbst zu werden – ein einzigartiges Individuum, heilig und mein Kind.

Der Rhytmus des Weges

F: *Welche Stufen gibt es auf dem Weg?*
MM: Es ist besser, sie nicht zu beschreiben. Die Menschen könnten sich täuschen in der falschen Annahme, auf dieser oder jener Stufe zu stehen. In dem Maß, in dem sie sich entfalten, erkennen sie, wie weit sie in ihrer Entwicklung gekommen sind. Ihre eigene Erfahrung wird ihnen sagen, was sie erreicht haben und wieviel noch vor ihnen liegt.

F: *Gibt es auf jeder Stufe des Weges Leid?*
MM: In einer Hinsicht ja. Aber die Freude wird größer als das Leid, und Leid wird zu Freude, weil es dargebracht und verstanden wird.

F: *Es scheint sich in diesem Yoga, gerade wenn man denkt, eine Stufe erreicht zu haben, eine weitere aufzutun.*
MM: Ihr dürft nirgends haltmachen.

F: *Die Entwicklung auf Deinem Weg erscheint mir fast musikalisch, mit wiederkehrenden Themen.*
MM: Am Ende werdet ihr und die Wirklichkeit eins sein, eine Musik, sich ständig wandelnd immer dieselbe. Ihr werdet euch selbst spielen, und ich werde euch immer stimmen.

F: Wirkliches Wissen hat kein Ende, nicht wahr, weil die Reise in Gott hinein endlos ist?

MM: Nein, es gibt kein Ende. Ein verbreiteter Irrtum ist zu denken, daß EINE Wirklichkeit DIE Wirklichkeit sei. Man muß immer vorbereitet sein, eine Wirklichkeit für eine größere aufzugeben.

Traditionelle Wege und der Weg der Mutter

F: Alle Götter, alle Wege, alle Offenbarungen sind in der Mutter enthalten. Bedeutet dies, daß jeder auf der Welt, ungeachtet seiner Herkunft, durch Dich gelehrt und zum Göttlichen erweckt werden kann, gemäß den Anschauungen seiner eigenen Religion oder auch ohne alle Anschauungen?

MM: Ja. Mein Licht ist überall.

F: Welche Auffassung ist richtig: die der Hindus von Gott als ewiger Gegenwart oder die der Buddhisten, die die Wirklichkeit als Leere wahrnehmen?

MM: Beide sind richtig – Gott ist alles und nichts.

F: Ich glaube an Jesus. Muß ich mit meinem Glauben an Ihn aufhören und an Dich glauben?

MM: An wen du auch glaubst, glaube mit ganzem Herzen. Alle göttlichen Inkarnationen gleichen sich. Sei aufrichtig und offen, dann wird meine Hilfe dir immer zuteil werden.

F: Buddha lehrte, daß die Lehre an sich befreie und ein Guru nur den Weg weisen könne. Kannst du als Avatar direkte Gotteserfahrung vermitteln?

MM: Ja.

F: Wie sollten sich der Jnani und der Bhakta Deinem Weg nähern?

MM: Der Jnani und der Bhakta nähern sich dem Göttlichen jeder auf seine Weise. Wenn sie zu mir kommen, helfe ich ihnen, und sie können ihren eigenen Weg fortsetzen. Als Avatar vertrete ich keinen speziellen Weg, sondern bin gekommen, um meine Gnade und Kraft allen, auf jedem Weg, zu schenken. Nur in dem Sinn, daß ich Darshan gebe, habe ich einen Weg; doch können Menschen auf allen Wegen Hilfe von mir erhalten, ob sie zum Darshan kommen oder nicht.

F: Nach der hinduistischen Tradition dürfen Tiere nicht in den Puja-Raum. Was meinst Du dazu?

MM: Für Gott gibt es keine Kasten, deshalb dürfen Tiere in den Puja-Raum. Tiere öffnen sich manchmal viel besser als Menschen. Sie sind konzentrierter, weil sie nicht begrifflich denken.

F: Erforscht man am besten mehrere Wege, bevor man einen für sich wählt? Worauf sollte man bei der Wahl des geeignetsten Weges achten?

MM: Jeder Mensch hat seinen passenden Weg. Wähle den, der dir zusagt und sich leicht und spontan ergibt. Die Wahl wird durch die eigene Vergangenheit und auch durch die Familientradition beeinflußt.

Darshan

F: Warum wird das Darshan so einfach durchgeführt, zum Beispiel ohne Gesang?

MM: Die Menschen sind zu geschäftig, sitzen selten still. In der Stille kann man mehr aufnehmen, weil alle Tätigkeiten auf einen Punkt konzentriert sind. Meine Lehre besteht darin, nur die Essenz zu vermitteln, das Göttliche, das Notwendige. Ich gebe jedem einzelnen genau, was er braucht. Paramatman ist still. Gott ist still. Alles kommt aus der Stille. In Stille kann mehr Arbeit getan werden. Die wahre Erfahrung von Glückseligkeit kennt keine Worte.

F: Während Deines Darshan verneigen wir uns vor Dir (Pranam), und Du nimmst unseren Kopf in Deine Hände. Was tust Du dabei?

MM: Auf dem Rücken der Menschen verläuft eine weiße Linie, von den Zehen bis zum Kopf. Eigentlich sind es zwei Linien, die bei den Zehen beginnend, die Beine hochlaufen, sich unten an der Wirbelsäule vereinigen und als eine Linie den Scheitel des Kopfes erreichen. Diese Linie ist dünner als ein Haar, und sie weist hier und da Verknotungen auf, die göttliche Personen auflösen helfen. Es ist ein sehr schwieriger Vorgang, und beim Lösen dieser Knoten muß mit großer Vorsicht vorgegangen werden, da Lebensgefahr besteht, falls der Faden reißt. Wenn ich euren Kopf halte, löse ich diese Knoten. Ich beseitige auch andere Hindernisse für eure Sadhana (spirituelle Praxis).

Wenn ich euren Kopf berühre, steigt das Licht in der weißen Linie nach oben. Es zeigt, wie auf einer Skala, die Entwicklung eurer Sadhana. Wenn kein Fortschritt da ist, zeigt das Licht auf der Linie den Grad an, bis zu dem eure Sadhana zurückgegangen ist. Wenn das Licht ununterbrochen von den Zehen bis zum Scheitel geht, kann diejenige Person viele Erfahrungen und Visionen haben, obwohl manche Menschen auch ohne die weiße Linie Visionen und Erfahrungen haben. Erreicht die Linie den Scheitel, haben die Menschen den Paramatman-Darshan. Wenn die Linie über den Kopf hinausreicht, besteht eine ständige Verbindung mit Paramatman. Wenn eure Bemühungen nachlassen, sinkt das Licht in der Linie nach unten, wie ich schon sagte. Eines Tages fallt ihr vielleicht sogar von eurer Sadhana ab. Das ist eine große Krise, die aber verhindert werden kann.

An der Vorderseite des Körpers sind zwei rote Linien, die bei den Zehen beginnen und seitlich an den Beinen allmählich aufsteigen. Sie haben die Tendenz, sich an der Basis der Wirbelsäule zu treffen, dort wo die beiden weißen Linien sich vereinigen. Falls die roten Linien die weißen erreichen, erlangt ihr die absolute Loslösung. Das geschieht aber selten und nur bei denjenigen, die die göttliche Shakti besitzen.

Durch die Entwicklung der weißen und der roten Linien wird die Sadhana auf Dauer gefestigt, ohne Möglichkeit eines Abfallens. Wenn sich die roten Linien voll entwickeln, erreicht ihr bedeutende Höhen. Auch die weißen Linien sind hilfreich, die Erfahrungen derjenigen zu unterstützen, bei denen die Psyche geöffnet ist. Aber selbst wenn eine Öffnung der Psyche besteht, gibt es immer noch die Möglichkeit, daß sie sich wieder schließt. Die Öffnung der Psyche hat ihren Nutzen für das Sadhana, aber sie ist nicht genug. Die Festigung der weißen und roten Linien wird euch helfen, eure Psyche ständig offenzuhalten. Wenn die Psyche mit einer Blüte vergleichbar ist, dann sind die Linien die Pflanze selbst.

F: Wenn wir uns verneigt haben, schauen wir still in Deine Augen (Darshan). Was tust Du dabei?
MM: Ich schaue in jeden Winkel eures Seins. Ich betrachte alles in euch, um zu sehen, wo ich helfen, wo ich heilen und Kraft geben kann. Gleichzeitig gebe ich jedem Teil eures Seins Licht, ich öffne jeden Teil von euch dem Licht. Wenn ihr offen seid, spürt und seht ihr das deutlich.

F: Was siehst Du, wenn Du den Menschen beim Darshan in die Augen schaust?
MM: Ich sehe die Schwierigkeiten in ihrem Leben und die Hindernisse bei ihrer Sadhana.

F: Wie unterscheidet sich Deine Arbeit beim Pranam und Darshan? Wird an verschiedenen Seiten des Wesens gearbeitet?

MM: Es sind zwei verschiedene Tätigkeiten. Beim Pranam arbeite ich an dem tiefen Aspekt des Seins, der Seele, während Darshan der Persönlichkeit und den Lebensumständen hilft.

F: *Arbeitest Du beim Darshan immer mit dem Licht oder auch noch in anderer Weise?*
MM: Meine Hilfe kommt allein durch das Licht.

F: *Welche Teile des Menschen erhalten Dein Licht?*
MM: Ich gebe dem Geist- und Vitalkörper und auch dem materiellen Körper Licht.

F: *Mir kommt es so vor, als wären das Licht und die Kraft stärker, wenn mehr Menschen beim Darshan sind. Trifft das zu?*
MM: Manche spüren mehr Licht, wenn weniger Leute da sind, bei anderen ist es umgekehrt. Das hat mit der Geistesverfassung des einzelnen zu tun. Das Licht ist immer gleich.

F: *Du hast davon gesprochen, daß Du an der Entwicklung der weißen und roten Linien arbeitest. Sind diese Linien identisch oder vergleichbar mit Sushumna, Ida und Pingala, und haben sie mit der Entfaltung der Kundalini zu tun?*
MM: Sie sind etwas anderes. Im Kundalini-System entfaltet man die Chakras eines nach dem anderen. Diese Linien hingegen helfen dem ganzen Wesen. Wenn ich die Knoten,

die darin sind, löse, unterstützt das die Entfaltung des gesamten Wesens, nicht nur bestimmter Teile. Nur göttliche Personen können diese Linien sehen, Menschen können das nicht. Die Linien stehen nicht in Beziehung zur menschlichen Persönlichkeit. Sie zeigen die Entfaltung der Seele.

F: Ist es nötig, die Kundalini zu wecken?
MM: Wenn das Licht in den Körper herabkommt, ist es nicht nötig.

F: Könntest Du die Knoten beschreiben?
MM: Zweifel wäre ein Beispiel für einen Knoten. In diesem Fall würde ich helfen, den Zweifel zu klären, und würde Vertrauen geben.

F: So wie ich es verstehe, löst Du die Knoten nicht alle auf einmal, sondern allmählich. Spürt ein Devotee schon Wirkungen, während die Knoten gelockert werden, oder merkt man das Ergebnis erst, wenn sie völlig gelöst sind?
MM: Der Devotee kann die Wirkung des Lockerns der Knoten spüren. Die Knoten werden langsam gelöst, weil es gefährlich wäre, dies schnell zu tun.

F: Ist es wichtig, viele Darshans zu bekommen, um die Knoten lösen zu helfen?
MM: Es kommt nicht auf die Anzahl der Darshans an, sondern auf eure Ehrlichkeit, eurer Streben und eure Liebe.

F: Wird der Vorgang durch den Darshan beschleunigt?

MM: Ja, Streben plus Darshan ist hilfreich.

F: Gibt es so etwas wie einen schlechten oder einen guten Darshan?

MM: So etwas wie einen schlechten Darshan gibt es nicht. So zu denken ist falsch, schädlich und gefährlich. Der Darshan ist von meiner Seite völlig unpersönlich; ich gebe, was gebraucht wird. Reaktionen hängen von den Menschen ab, die empfangen, nicht von der Mutter, die gibt. Vermeidet es, eure Schwierigkeiten auf mich zu projizieren und mir eure eigenen versteckten Probleme unterzuschieben. Habt den Mut, euren Schwächen ins Auge zu sehen. Aber wißt auch, daß ich euch ständig helfe.

F: Wie kann ich beim Darshan so offen wie nur möglich sein?

MM: Bitte Gott mit ruhigem Geist und guter Konzentration, daß Er dich öffne. Wenn du das kannst, wirst du die Wirkung dessen, was ich dir gebe, spüren. Du wirst nicht mehr empfangen, aber du wirst es mehr spüren.

F: Wenn ich an der Reihe bin für den Darshan, bekomme ich Herzklopfen, und meine Gefühle gehen völlig mit mir durch.

MM: Bring alles dem Göttlichen dar. Hab Geduld, diese Gefühlsbewegungen gehen vorbei.

F: Wenn wir beim Darshan die Kraft spüren, wie können wir tiefer in sie eindringen?

MM: Die Kraft wird selbständig kommen und gehen. Ihr könnt beten, daß sie zurückkehrt und bei euch bleibt.

F: Wie kann ich mich Deiner Energie so schnell wie möglich öffnen?

MM: Man öffnet sich nicht »so schnell wie möglich«. Du mußt dich bemühen, und ich werde dir helfen. Hab Geduld.

F: Wie können wir uns auf den Empfang des Darshans vorbereiten?

MM: Es gibt nichts Besonderes zu tun. Beim Darshan versucht man, ohne Gedanken still dazusitzen. Um das zu können, muß man Frieden haben.

F: Du sprachst vom Stillsitzen beim Darshan, ohne Gedanken. Ich bete oft. Ist das in Ordnung?

MM: Stille bedeutet, daß man körperlich ruhig dasitzt, zu Gott um das Göttliche betet und Japa macht. Stille ist ein ruhiger Geist. Nach dem Darshan ist es besser, still sitzen zu bleiben, als gleich wegzugehen.

F: Sollten wir nach dem Darshan etwas Bestimmtes tun? Kann man den Segen, den man beim Darshan bekommen hat, noch irgendwie verlängern?

MM: Bleibt in Ruhe. Es ist besser, sich nicht sofort in eine andere Tätigkeit zu stürzen.

F: *Wo hast Du die Gebärden des Darshans gelernt?*
MM: Sie haben sich so ergeben.

F: *Hat schon einmal jemand in der Weise gearbeitet wie Du?*
MM: Jeder hat seine eigene Art, Dinge zu tun. Wir können nicht vergleichen.

F: *Empfindest Du ein Unbehagen beim Darshan?*
MM: Nein, es ist die schönste Freude.

F: *Fühlst Du beim Darshan unseren Schmerz, unsere Freude, unser Leid?*
MM: Ja.

F: *Wie kann ich Dir für das danken, was Du mir gibst?*
MM: Du nimmst an. Darin liegt Dank. Das ist etwas Großes.

Darshan auf die Entfernung

F: Wie wichtig ist es, nach Thalheim zu kommen, um Darshan von Dir zu empfangen?

MM: Es ist nicht nötig, zu mir hierherzukommen; ich kann überall helfen. Die Menschen können kommen, aber wenn das nicht möglich ist, brauchen sie deshalb nicht traurig zu sein. Der körperliche Kontakt ist nur *eine* Art, das Licht zu übermitteln. Für mich ist er nicht so wichtig. Jedoch wenn die Menschen hierherkommen, spüren sie meine Gegenwart konkreter. Das Licht erhalten wir mit oder ohne Berührung.

F: Menschen, die weit weg leben, können nicht zum Pranam und Darshan kommen. Kannst Du auch aus der Entfernung an ihnen arbeiten?

MM: Ja, wenn diese Menschen aufrichtig sind.

F: Kann auch das Physische aus der Ferne umgewandelt werden, ohne körperliche Berührung?

MM: Ja, das ist möglich.

F: Kannst Du, auch wenn Devotees weit entfernt sind, den Zustand ihrer roten und weißen Linien sehen, und fährst Du fort, die Knoten aufzulösen? Oder ist Pranam dafür nötig?

MM: Ich kann die roten und weißen Linien auch aus der

Ferne sehen und kann die Knoten lösen, wo immer die Devotees sich befinden. Solange ein Streben besteht, ist diese Arbeit möglich. Allerdings, wenn die Devotees hier sind, spüren sie meine Gegenwart sehr stark, und das hilft ihnen.

F: Mußt Du Deine Aufmerksamkeit auf etwas richten, damit Deine Kraft wirkt?
MM: Nein, sie wirkt automatisch. Das Licht wirkt von allein.

F: Ich habe geträumt, ich bekäme Deinen Darshan. Gibst Du auch nachts Darshan?
MM: Ich gebe immer Darshan – überall.

Die innere Verbindung

F: Was sollen wir tun, um Dein Licht und Deine Hilfe zu erhalten, wenn Du nicht körperlich bei uns bist? Wie können wir die ständige innere Verbindung mit Dir halten? Was sollen wir tun, um auf unserem geistigen Weg, unserer Sadhana, weiterzukommen? Erwartest Du etwas von denen, die die Führung ihres Lebens und ihrer Sadhana in Deine Hände legen?

MM: Was die Sadhana angeht, so solltet ihr Japa machen, wenn ihr mein Licht und meine Hilfe erhalten wollt und ich nicht physisch bei euch bin. Nur durch Japa seid ihr in ständiger innerer Verbindung mit mir. Durch Japa macht ihr Fortschritte bei der Sadhana. Es ist die mühelose Methode, beständig das Göttliche im Geist zu behalten. Ich erwarte von keinem Menschen irgend etwas, doch wenn jemand in seiner Sadhana ehrlich und ernsthaft ist, bereitet mir das Freude.

F: Die meisten Menschen, die zu Dir kommen, sehen Dich nur beim Darshan. Welches ist die beste Beziehung, die sie zu Dir entwickeln können?

MM: Die beste Art, mir nahe zu sein, ist, an mich zu denken. Genauso bringt die Besinnung auf das Göttliche dessen Gegenwart herbei. Liebe, Aufrichtigkeit und Streben verbinden uns mit dem Göttlichen.

F: Obwohl ich weit von Dir entfernt lebe, spüre ich Deine Gegenwart stark und konkret. Ist das echt oder nur Einbildung?

MM: Es ist echt. Diejenigen, die wirklich nach dem Göttlichen streben, erhalten meine Hilfe und mein Licht, wo auch immer sie sich in der Welt aufhalten. Als Folge davon schreitet ihre Verwirklichung schneller voran.

F: Wenn wir während des Tages Deine Gegenwart als Druck spüren –, im Herzchakra oder im Kopf zum Beispiel –, sollten wir uns dann ganz darauf ausrichten und das, was wir gerade tun, unterbrechen?

MM: Die Gegenwart kommt und geht von allein. Wenn es möglich ist, könnt ihr eure Tätigkeit unterbrechen, um euch auf die Gegenwart auszurichten. Jedoch, ob ihr eure Aufmerksamkeit ihr zuwendet oder nicht, sie wird nach ihrem Belieben wirken. Ihr könnt danach streben, daß sie öfter kommt.

F: Könntest Du die Beziehung zwischen Deinem Geist und dem des Devotees beschreiben?

MM: Wenn Zweifel im Devotee sind, dann gebe ich Licht in seinen Geist, so daß er klar sieht. Das ist etwas Einfaches, das ich häufig tue. Es ist nicht so, daß ich in seinem Geist lese, sondern wenn etwas nicht klar ist, dann mache ich es klarer.

F: *Wie weißt Du aus der Entfernung den Zustand eines Menschen?*
MM: Ich sehe.

F: *Hat ein Foto der Mutter einen Nutzen?*
Adilakshmi: Ja. Das Bild der Mutter ist nicht einfach ein Bild. Ein Teil des Göttlichen ist darin, die Kraft der Mutter ist in ihm enthalten. Man sieht tatsächlich die Mutter, wenn man das Bild anschaut.

F: *Wie ist man am besten mit Dir verbunden?*
MM: Die Seelenverbindung ist am besten. Es ist am besten, im Inneren zu fühlen. Doch könnt ihr auch schreiben.

F: *Wie können wir Deiner inneren Lehre am besten folgen?*
MM: Wenn ihr bemerkt, daß es etwas gibt, das ihr verstehen müßt, so fragt mich einfach innerlich, mit Liebe und Ergebenheit, und ich werde es euch lehren.

F: *Werden die Menschen zu Dir beten und mit Dir verbunden sein können, wenn Du einmal nicht mehr in Deinem Körper bist?*
MM: Ja, immer.

F: *Einige Menschen sagen, sie hören innerlich, in ihrem Geist, Deine Stimme, die sie leite. Bist wirklich Du es, die spricht?*
MM: Gewöhnlich nicht. Mein Rat ist, solchen Stimmen we-

der Beachtung zu schenken noch sich davon leiten zu lassen, da es schwer ist zu sagen, woher diese Stimmen kommen. In extremen Situationen allerdings, z. B. bei Gefahr, ist die Wahrscheinlichkeit größer, daß die lenkende Stimme, die ein Devotee hört, die meine ist.

F: Sollten wir auf eine warnende innere Stimme hören, wenn wir etwas Falsches tun oder im Begriff sind, es zu tun?
MM: Nicht immer ist es gut, der inneren Stimme zu folgen. Man muß auch die Umstände berücksichtigen und sollte seinen gesunden Menschenverstand gebrauchen.

F: Ich habe das Gefühl, daß Du mir über eine andere Person Mitteilungen zukommen läßt.
MM: Ja, es ist oft so, daß andere die Worte aussprechen, die ein Devotee hören soll.

F: Ich spüre, daß Du mich reifen läßt und alles in meiner Entwicklung anregst. Ist das so?
MM: Du läßt es geschehen, das ist etwas Wunderbares. Ich kann alles geben, aber du mußt auch alles wollen. Ich kann vieles geben, noch bevor du weißt, daß du es willst, doch wenn du darum weißt, geschieht es schneller und bringt mehr Freude.

F: Gibst Du mir ein Symbol?
MM: Ist die Freude in deinem Herzen nicht Symbol genug?

Meditation/Japa

F: Ist es wichtig, regelmäßig zu meditieren?

MM: Ja, eine halbe oder eine Stunde zu meditieren ist gut. Aber wenn jemand fanatisch wird und seine Arbeit aufgeben, allein leben und 24 Stunden am Tag meditieren möchte – das ist nicht gut.

F: Welche Art von Meditation sollten wir ausüben?

MM: Schließt die Augen, sitzt in Stille und macht Japa mit irgendeinem göttlichen Namen.

F: Was ist Japa? Warum ist es so wichtig?

MM: Japa ist die Wiederholung des Namens desjenigen, an den wir glauben. Japa ist sehr wichtig. Japa beinhaltet nicht gewöhnliche Worte. Jeder göttliche Name ist erfüllt von göttlichen Schwingungen. Diese umgeben und beschützen uns und durchdringen unseren Körper und unser ganzes inneres Sein. Das Besinnen auf den göttlichen Namen schenkt unmittelbar Frieden und Glück und wendet uns vom Weltlichen zum Göttlichen. Für Japa gibt es keine festgelegte und begrenzte Zeit. Es ist sehr gut, den ganzen Tag Japa zu machen. Wenn das nicht geht, dann pflegt das Besinnen auf das Göttliche, wann immer es möglich ist. Japa können wir während jeder Tätigkeit machen. Es geht leichter bei einer körperlichen Tätigkeit ohne geistige Arbeit.

Japa hilft uns, unser Bewußtsein zu reinigen, und macht unsere Sadhana mühelos.

F: Wie sollen wir Japa sagen?
MM: Sagt es einfach. Beim Japa soll man sich nicht anstrengen oder versuchen, irgend etwas Bestimmtes zu erreichen. Man soll versuchen, aufrichtig zu sein und Liebe zu Gott zu empfinden. Darauf folgt die Kraft unmittelbar, ob man das wahrnimmt oder nicht.

F: Könntest Du die Kraft des Namens erklären?
MM: Jede Silbe eines göttlichen Namens – z. B. Krishna oder Jesus – enthält Schwingungen, die die Atmosphäre verwandeln. Jedes Objekt, an das wir wiederholt denken, erzeugt seine eigene Schwingung. Obwohl Mantras stark und machtvoll sind, spüren wir vielleicht nicht gleich ihre Wirkung, doch es werden sich Ergebnisse einstellen. Man kann die Unterschiede in den Schwingungen von Worten spüren. Durch den Gebrauch eines Wortes kann man Dinge verändern.

F: Ist es notwendig, auf einen Guru zu warten, der einem ein Mantra gibt, oder darf man selber eins finden?
MM: Das Mantra, das sich leicht und spontan einstellt, solltest du gebrauchen. Es sollte eine starke Empfindung erzeugen und wie Musik sein, die aus dem Herzen fließt.

F: Ich habe kein festes Japa. Es sind immer wieder andere göttliche Gestalten, die mir einfallen – wie Shiva oder Krishna –, und ich singe dann ein dazu passendes Mantra. Ist das in Ordnung so?

MM: Ja, was einen in dem jeweiligen Augenblick anspricht, ist in Ordnung. Man muß nicht ein festes Mantra haben.

F: Wenn ich Deinen Namen wiederhole, ist es dann nötig, das ganze Mantra zu sagen, wie es in »Die Mutter« steht, oder kann ich einfach »Mutter Meera« oder bloß »Meera« wiederholen?

MM: Beides reicht aus.

F: Wenn man über eine Gestalt des Göttlichen meditiert, reicht es dann, das Göttliche einfach zu empfinden, oder sollte man auch seinen Namen wiederholen?

MM: Es genügt zu empfinden. Trotzdem ist es gut, auch den Namen des Göttlichen im Geist zu wiederholen, weil dadurch Geist und Herz geübt werden.

F: Welches sind die verschiedenen Stufen der Meditation?

MM: Zunächst, wenn man zu meditieren versucht, kommen Gedanken. Diese legen sich dann. Als nächstes hat man einige Visionen. Danach wird der Geist leer. Manche meinen dann, es gebe da nichts, und hören auf zu meditieren. Aber wenn man weitermacht, erreicht man schließlich die Verwirklichung.

F: Hat jeder irgendwann einmal Visionen?
MM: Die meisten Menschen ja, aber einige auch nicht.

F: Welches ist die beste Meditationstechnik?
MM: Es gibt so viele Techniken. Im allgemeinen verwirren sie die Menschen. Ziemlich oft steigern sie den spirituellen Stolz, statt ihn auszulöschen. Doch ein stolzer Mensch ist fern von Gott. Ihr müßt achtgeben. Das Beste ist, sich des Göttlichen in allem zu erinnern und alles dem Göttlichen darzubringen.

F: Können wir etwas tun, um den Traum- und den Schlaf-zustand zu transformieren, so daß auch sie mehr zu einem Teil unserer Übung werden?
MM: Wenn wir Japa machen, während wir wach sind, kann sich das in das Träumen hinein fortsetzen. Wir können da-für zum Göttlichen um Hilfe beten.

F: Was hältst Du von der in vielen Religionen geübten Ge-wohnheit zu denken, daß man selbst Gott sei?
MM: Zu sagen »Ich bin Gott« ist nicht gut. Erst wenn wir mit dem Göttlichen verschmelzen, können wir das sagen. Solange wir unsere eigenen Gedanken, Gefühle, Wünsche haben, ist das nicht richtig.

F: Manchmal stelle ich mir vor, meine Körperzellen oder auch mein Herz würden sich dem Licht öffnen. Sind solche Vorstellungen hilfreich?

MM: Nein, es ist besser, still zu sein. Wenn du solche Vorstellungen unterhältst, baust du Phantasien auf und findest dich am Ende vielleicht in einer Phantasiewelt wieder. Es ist besser, direkt zum Wesentlichen zu gehen. Manche, die sich für göttlich halten, entwickeln die Wahnvorstellung, selber Gott zu sein. Dann kann es sein, daß sie sich abseits halten, aufhören zu arbeiten usw. Es ist gesünder, die Hingabe an Gott zu bewahren. Vor allem im Kali Yuga, dem jetzigen Zeitalter, ist es für die meisten Menschen besser, den Standpunkt der Dualität – Hingabe zum Göttlichen – beizubehalten. Auf der höchsten Ebene ergibt sich Advaita (Nicht-Dualismus) dann auf natürliche Weise.

Spirituelle Erfahrungen

F: Bei Deinem Yoga macht man Japa, richtet sich auf das Göttliche aus und versucht den Geist so gut wie möglich zu klären, um für das Licht und dessen Wirkung aufnahmefähig zu sein. Gibt es Anweisungen, denen wir folgen können, wenn sich Erfahrungen einstellen?

MM: Erfahrungen werden kommen und werden gehen. Manchmal fragen mich Devotees um meine Meinung zu einer Erfahrung, beachten dann aber meinen Rat nicht, wenn er nicht ihre Selbstgefälligkeit befriedigt. Es ist nicht nützlich zu überlegen, ob Erfahrungen wirklich oder nicht wirklich sind. Durch bloßes Nachdenken kann man über ihre Echtheit nicht entscheiden. Besser ist es, jede Erfahrung, die kommt, ob groß oder klein, dem Göttlichen darzubringen und mit Japa fortzufahren. Andernfalls ist eure Aufmerksamkeit bei der Erfahrung und nicht beim Göttlichen.

F: Wie kann ich meine mystischen Erfahrungen verstehen?

MM: Die Antworten und Anweisungen werden kommen. Zuerst muß der Geist vorbereitet sein. Die Erfahrungen werden stattfinden, und das Licht wird den Geist befähigen, sie zu verstehen.

F: Sollte man über seine Erfahrungen schweigen?

MM: Ob wir über unsere Erfahrungen sprechen oder nicht, hängt von den Zuhörern ab, vom Grad ihrer Anteilnahme und von der Tiefe ihres Verständnisses. Es ist nutzlos, zu Leuten, die nicht interessiert sind, über Erfahrungen zu sprechen.

F: Wenn Du in einem Traum erscheinst, bist Du dann wirklich da?
MM: Das hängt von den Umständen des Traums ab.

F: Wie kann ich unterscheiden, welche Visionen vom Göttlichen stammen und welche aus meiner Phantasie?
MM: Manchmal ist es schwierig zu unterscheiden. Die Menschen erfinden gern Dinge, und der Geist ist sehr geschickt. Visionen, die vom Göttlichen kommen, verändern dich. Sie machen dich liebevoller, demütiger, und auch stolzer, im guten Sinne – stolz auf das Göttliche.

F: Kann es zu Machtbesessenheit führen, wenn man in einer Vision die Erfahrung macht, göttlich zu sein?
MM: Nicht, wenn es sich um eine echte Vision handelt. Wenn die Vision echt ist, erschaut man die Größe Gottes. Eine echte Vision führt zur Verehrung des Göttlichen, und in dieser Verehrung ist kein Platz für Selbstgefälligkeit.
Visionen sind hilfreich, und ihr müßt dankbar für sie sein. Sie sind Zeichen, sie vertiefen den Glauben und zeigen euch, wonach ihr streben müßt. Aber die eigentliche Arbeit liegt darin, Liebe und Stille zu entwickeln, euren ganzen Charakter und Geist zu verändern. Visionen kommen und

gehen, die Stille bleibt. Die Stille bringt dauerhafte Verbindung, dauerhafte Nähe zum Göttlichen.

F: Wenn wir erwachen, erkennen wir, daß wir ein Teil des Göttlichen sind, nicht das ganze Göttliche. Diese Einsicht läßt jeden Stolz zusammenschmelzen, nicht wahr?
MM: Solange Stolz und Eitelkeit bestehen, seid ihr noch nicht erwacht. Die wirklich großen Heiligen und Yogis sind stets die demütigsten. Demut ist Liebe. Demut ist, was das Herz weiß. Wahre Freude ist demütig, denn sie ist rein, sie ist etwas Geschenktes. Ein demütiger Mensch erkennt immer sehr schnell seine eigenen Fehler. Wenn ihr nicht demütig seid, wird das Göttliche sich eurer nicht bedienen. Meine Kraft wird nur dann durch euch fließen, wenn ihr rein seid; sonst wäre es gefährlich für euch. Ihr müßt euch zu allen Zeiten rein erhalten. Das Ego wird immer versuchen, an sich zu reißen, was die Seele gerade lernt.

F: Manchmal, wenn ich starke Erfahrungen hatte, frage ich mich, ob ich eigentlich verrückt bin.
MM: Wenn du verrückt sein mußt, sei es in der guten Weise – verrückt vor göttlicher Liebe.

F: Was ist das dritte Auge, was sieht es? Auf welcher Stufe öffnet es sich?
MM: Dieses Auge erfaßt alles. Es sieht das ganze Bild, z. B. kann es den gesamten Hintergrund der Handlungen ande-

rer erkennen. Auf welcher Stufe es sich öffnet, hängt vom einzelnen ab. Es ist nicht intuitiv, sondern SIEHT alles deutlich.

F: *Was kennzeichnet den Samadhi?*
MM: Menschen im echten Samadhi stehen über den fünf Elementen und brauchen weder Nahrung noch Luft noch Wasser. Sie sind voll Seligkeit und Macht und in sich selbst vollständig. Für jene, die den Samadhi erreicht haben, ist es leicht, die Verwirklichung zu erlangen.

F: *Ist die Erlangung des Samadhi notwendig für die Gottverwirklichung?*
MM: Nein. Das ist nur ein Weg, ein Pfad, der Pfad des Jnana. Auf dem Pfad des Bhakti können wir das Göttliche durch Liebe verwirklichen. Wir können es durch ein geglücktes Familienleben verwirklichen oder wie Mirabai mit ihrer Hingabe. Anasuya verehrte ihren Gemahl, einen Heiligen, als göttlich und erreichte die Verwirklichung.

F: *Welche Einstellung sollte man zu seinen spirituellen Erfahrungen haben?*
MM: Als erstes: Sei dankbar dafür. Bringe sie Ihm dar, der sie dir sandte. Er schenkte sie dir, schenke sie Ihm in Liebe wieder zurück. Halte dich nie für etwas Besonderes oder für auserwählt. Sei dir im klaren darüber, daß nur dein Ego so denkt. Gerade das Ego, das durch solche Erfahrungen über-

wunden werden soll, kann diese Erfahrungen für seine Zwecke benutzen. Das Ego ist geschickt, es kann selbst die Erfahrung des Göttlichen für sich nutzen.

Wie außergewöhnlich deine Erfahrungen auch gewesen sind, denke daran, es gibt immer weiterführende, größere Erfahrungen. Der Verstand ist endlich, das Bewußtsein jedoch unendlich. Die Umwandlung kennt keine Grenzen. Die Umwandlung, die ich bewirke, findet in Gottes Macht und Wesen statt und ist daher naturgemäß grenzenlos.

Auf vielerlei Weise kann das Spirituelle von Mental- und Vitalkräften nachgeahmt und irregeleitet werden. Es braucht Zeit, um zu erkennen, wie diese verschiedenen Kräfte wirken. Manchmal ist es schwer zu bestimmen, wo eine Erfahrung genau herkommt. Dann ist disziplinierte Wachsamkeit nötig, und Reinigung, und die Gnade der Mutter.

Das Gebet

F: Wie wichtig ist es, das Göttliche um etwas zu bitten?
MM: Wenn man etwas haben möchte – Liebe, Wahrheit oder Mut zum Beispiel –, so muß man darum bitten. Wenn ihr Gott voll Liebe und Demut um etwas bittet, werdet ihr es erhalten. Aber ihr müßt aus ganzem Herzen bitten, damit euer Herz leer ist und Gott es füllen kann. Solange noch Stolz darin ist, kann Er es nicht in dem Maße füllen. Gott möchte euch alles schenken. Ihr müßt lernen, Ihn zu lassen. Dafür braucht ihr Ergebenheit. Der Lohn für diese Ergebenheit sind Seligkeit und Erkenntnis.

F: Worum soll ich bitten?
MM: Bitte um alles, so wie ein Kind seine Mutter um alles bittet, ohne sich zu genieren. Bleib nicht stehen bei Frieden im Geist oder einem reinen Herzen oder Hingabe. Verlange alles. Sei mit nichts zufrieden, was weniger ist als alles. Wenn du bittest, wirst du empfangen. Wenn du empfängst, mußt du tragen.

F: Welche Beziehung besteht zwischen Karma und Gebet? Welchen Nutzen hat Beten, wenn alles, was geschieht, nur unserem Karma entspricht?
MM: Wenn wir lediglich unser Karma annehmen und ihm gemäß handeln, wird es nie aufhören; unser Karma wird viele, viele Leben fortwirken. Wenn wir aber beten und die

Früchte unseres Handelns dem Göttlichen darbringen, dann kann unser Karma zu einem Ende gebracht, verringert oder umgewandelt werden.

F: Wie gehst Du mit dem Karma eines Menschen um? Wie werden Hindernisse beseitigt?

MM: Manche Karmas können weggenommen werden, andere sind sehr groß und können nicht weggenommen werden. In den letzteren Fällen kann ich jedoch den Menschen helfen, sich weniger mit ihren Problemen zu beschäftigen, wodurch ihr Leid bedeutend verringert wird. Wenn wir an Gott glauben, empfinden wir die im normalen Leben auftretenden Schwierigkeiten weniger und können leichten Herzens durch sie hindurchgehen. Zuviel über Probleme nachzudenken verschlimmert sie nur, und selbst ein kleines Problem kann schließlich zu einer großen Explosion führen. Wie Hindernisse beseitigt werden, kann man nicht mit Worten beschreiben.

F: Haben alle Menschen ihren eigenen, beschützenden Engel?

MM: Es gibt verschiedene Engel für verschiedene Zwecke. Sie wirken nur, wenn es notwendig ist.

F: Hilft es, wenn wir Probleme haben, Dir zu schreiben, oder ist Beten genug?

MM: Die Devotees mit viel Herz wollen immer schreiben,

ganz gleich um welches Problem es geht; sie wenden sich immer zur Mutter. Manche anderen – die mit viel Verstand – wollen nicht schreiben, weil ihnen nicht wohl dabei ist, daß ich ihre Probleme, die sie lieber geheimhalten möchten, schwarz auf weiß habe. Im allgemeinen sollten die Menschen schreiben, wenn sie Probleme haben, und dann werden sie direkt Hilfe erhalten. Obwohl einige auch unmittelbare Gebetserhörungen erfahren, sind doch bei vielen die Gebete vielleicht nicht tief und aufrichtig genug, so daß sie nicht so schnell Hilfe bekommen können. Viele schieben das Berichten ihrer Probleme lange auf, wenn sie schließlich aber schreiben, kann es sein, daß sie sofort eine Antwort erhalten, lange bevor ihr Brief bei mir eingeht. Jeder muß für sich entscheiden, ob er schreibt oder nicht.

F: *Braucht man beim Beten einen Vermittler? Manchmal ist es schwer, direkt zu Gott zu beten.*
MM: Diejenigen, die direkt zu Paramatman beten, haben einen starken Glauben an Paramatman. Weil sie darauf vertrauen, daß Gott ihnen hilft, wenden sie sich nicht an Vermittler. Ob Vermittler eingeschaltet sind oder nicht, letztendlich gehen alle Gebete zu Gott.

F: *Kommt Gnade direkt von Dir zu uns oder vermittels unseres eigenen Atman, unserer Seele?*
MM: Gnade kommt direkt, es gibt keinen Vermittler. Gott hilft uns immer.

F: Können wir Durchschnittsmenschen überhaupt wirkungsvoll für andere beten, so klein und unbedeutend, wie wir sind?

MM: Wie klein wir auch sein mögen, es ist hilfreich, Paramatman zu bitten, unsere Hindernisse und die der anderen wegzunehmen. Beten hilft stets. Vor Paramatman sind wir immer kleine Kinder.

F: In bestimmten spirituellen Traditionen hilft man anderen dadurch, daß man sie sich in der Stille tiefer Meditation vergegenwärtigt. Sind solche Techniken hilfreich, und gibt es noch andere, die Du empfehlen würdest?

MM: Es ist besser, einfach zu beten und Gott direkt um Hilfe und Schutz für andere zu bitten.

F: Was kann man tun, wenn ein Freund etwas Schweres durchlebt und Worte nicht helfen?

MM: Betet einfach für diesen Menschen. Das ist das Hilfreichste, was man tun kann.

F: Wenn wir Deine Kraft stark spüren, ist es dann nützlich, sie zu anderen zu lenken, die Hilfe brauchen?

MM: Ihr könnt das Licht anderen nicht übermitteln. Das Licht, das ihr erhaltet, hilft nur euch.

F: Können wir anderen helfen, erleuchtet zu werden?

MM: Für andere zu beten ist nützlich und hilft auch uns selbst, uns an das Göttliche zu erinnern.

F: Es ist schwierig, tagsüber Zeit zum Gebet zu finden.

MM: Es ist nicht schwierig; man muß aus dem Gebet nur eine Gewohnheit machen.

F: Ist es möglich, zu Gott zu sprechen?

MM: Wenn wir Gott alles darbringen, werden wir wissen, daß er uns gehört hat, da sich Ergebnisse zeigen. Eines Tages, wenn wir reif dafür sind, werden wir direkt die Stimme Gottes hören.

Liebe und Hingabe

F: Warum ist die Hingabe an das Göttliche wichtig?
MM: Wenn du Hingabe hast, wirst du alles erlangen.

F: Wodurch wächst die Hingabe?
MM: Man sollte das aufrichtige Streben haben, Hingabe zu entwickeln, und aufrichtig zu Gott beten.

F: Manchmal weine ich um Gott. Ist das gut?
MM: Herr Reddy hat oft gesagt, wie merkwürdig es sei, daß Männer den Verlust von Geld oder einer Frau beweinten, aber nie auch nur eine einzige schlaflose Nacht im Gebet für Gott verbrächten. Auch Ramakrishna sagte das. Seht, wie er nach der Göttlichen Mutter weinte und betete! Es ist etwas Großes, nach Gott zu weinen. Wie oft weinen die Menschen nach irgendwelchen Liebhabern, von denen sie alsbald verlassen werden. Aber Gott erinnert sich an jedes kleine Gebet, jede Träne. Eine Träne ist eine Tür, durch die ich kommen kann. Wie kann ich in ein Herz gelangen, das sich nicht nach mir sehnt?

Warum sollten die Menschen denn meinen, man müsse sich dessen schämen, daß man um Gott weint? Seht Krishnas Gopis, seht Mirabai! Man muß gewaltig lieben, wenn man die gewaltige Liebe Gottes ersehnt. Um ihretwillen muß man jede andere Liebe zurücklassen. Doch um das zu können, muß man um den Wert des Göttlichen wissen. Viele

Leben können vergehen, ohne daß man die göttliche Seligkeit auch nur einmal gekostet hat. Wenn ihr also dieses Leben nicht vergeuden wollt, ist das heilige Verlangen nach Gott unentbehrlich.

F: *Gibt man das Verlangen nach Gott jemals auf?*
MM: Selbst der Avatar muß in jedem Augenblick das Verlangen haben, in Gott zu sein. Und wenn er stirbt, ersehnt er mit seinem ganzen Sein die Vereinigung mit Gott. Die Verwirklichung ist der Beginn des wahren Begehrens einer immer tieferen Vereinigung.

F: *Gott ist formlos. Aber ist es nicht, um das Göttliche zu lieben, notwendig, einen der Aspekte Gottes zu lieben, der Gestalt angenommen hat, z B. Krishna oder Jesus?*
MM: Man kann das Göttliche direkt oder auch durch Götter, Engel und Gurus lieben.

F: *Wie sollen wir Bhakti, Hingabe, üben?*
MM: Es ist nicht nötig, Blumen und Räucherstäbchen darzubringen. All euer Tun könnt ihr darbringen. Doch erwartet nichts dafür. Liebt euren Meister aufrichtig und ergeben.

F: *In welcher Beziehung stehen die Wege des Jnana und des Bhakti zueinander?*
MM: Ein Jnani zu sein bedeutet zu erkennen, und je mehr man das Göttliche erkennt, desto mehr liebt man. Ein Bhak-

ta zu sein heißt, daß man den Pfad der Liebe gewählt hat, und je mehr man das Göttliche liebt, desto mehr erkennt man.

F: Manchmal sind wir gut auf das Göttliche ausgerichtet, dann aber wieder auch anderen Dingen verhaftet.
MM: Wenn du das Gefühl hast, daß du nicht genug an das Göttliche denkst, ist das auch ein auf Gott gerichtetes Streben.

F: Ich habe nicht immer ein echtes Gefühl von Liebe und Hingabe zum Göttlichen.
MM: Die Besinnung auf das Göttliche, wenn sie auch nur geistig ist, wird dich zur Erfahrung des Göttlichen führen.

F: Manchmal fühle ich mich von Gott zurückgewiesen.
MM: Wenn wir Gottes Liebe nicht spüren, empfinden wir seine Abwesenheit als Strafe. Wenn wir seine Liebe aber spüren, wundern wir uns darüber, sie vorher nicht gefühlt zu haben.

F: Was ist Deine Meinung zum Atheismus?
MM: Es gibt keine Atheisten. Jeder glaubt an etwas, ob das Kunst genannt wird oder ob es etwas anderes ist.

F: Die Mutter wirklich brauchen und Sie aufrichtig lieben – was unterscheidet beides?
MM: Das sind zwei verschiedene Dinge. Wenn wir sie brau-

chen, so ist das für uns. Wenn wir sie lieben, haben wir keinerlei Erwartungen.

F: *Kann es für einen Anhänger von Dir ein Problem geben, wenn er Dich als Person sowie das Göttliche in Dir liebt?*
MM: Wenn ihr auf meine äußere Persönlichkeit und äußere Gestalt fixiert seid, kann ein Widerstreit oder ein Konflikt entstehen. Aber wenn eure innere Beziehung zu mir gut ist, ist alles in Ordnung.

F: *Wenn wir die außerordentliche Stärke Deiner Liebe zu uns zu fühlen beginnen, bedeutet das, daß wir beginnen, sie zu erwidern?*
MM: Es gibt nur eine Liebe und eine Energie. Wenn ihr das ahnt, beginnt ihr zu verstehen.

F: *Wie hört die Dualität im Bhakti auf?*
MM: Dualität besteht, bis wir im Göttlichen aufgehen. Dann gibt es nur noch das Eine. Wenn unsere Liebe zum Meister wächst, verschmelzen wir allmählich mit dem Göttlichen. Der Vorgang verläuft langsam, damit wir einen wachsenden Geschmack vom Göttlichen haben können. Wenn es nicht langsam geht, kann es der Körper nicht fühlen; wenn wir es aber nicht fühlen, wächst die Hingabe nicht, die wir für unsere Umwandlung brauchen. Wenn wir die vollständige Verwirklichung erlangen, geht jeder Aspekt von uns in das Göttliche ein.

Ergebung und Darbringung

F: Durch Dein Lehren in der Stille und das Herabbringen der Kraft des Paramatman-Lichts rufst Du zu sehr tiefer, sehr starker Ergebung auf. Bitte hilf uns, klar zu verstehen, was Ergebung ist.

MM: Dem Göttlichen alles darzubringen ist Ergebung. Unser Leben dem Göttlichen zu schenken ist Ergebung. Einfachheit ist Ergebung. Wenn wir einfach sind, löst sich das Ego von allein auf. Wenn wir einfach sind, kommen Antworten. Sich immer, wie groß wir auch sein mögen, daran zu erinnern, daß es etwas Größeres gibt – das Göttliche –, das ist Ergebung. Nicht egoistisch zu sein ist Ergebung. Demütig zu sein ist Ergebung.

F: Was ist Ergebung?

MM: Ergebung bedeutet, alle Handlungen dem Göttlichen darzubringen und mit größter Gewissenhaftigkeit dem zu folgen, was die Weisen raten. Eine wichtige Form der Ergebung ist es, nach den Regeln der gewählten Religion zu leben.

F: Bedeutet sich zu ergeben nicht schwach zu sein?

MM: Nein. Wahre Ergebung ist nicht Schwäche. Sie ist das Stärkste, was ein Mensch vollbringen kann. Man muß stark sein, um alles herzugeben.

F: Warum soll man alles dem Göttlichen darbringen?

MM: Das Darbringen von allem, Reinem und Unreinem, ist der beste und schnellste Weg spiritueller Entwicklung. Wenn man Gott alles darbringt, wird Er es annehmen und umwandeln, selbst die schlimmsten Dinge. Wichtig ist nicht, was man darbringt, sondern daß man darbringt. Bringt alles dar, und ihr werdet die Gewohnheit annehmen, immer an Gott zu denken. DAS wird euch verändern.

F: Was bedeutet darbringen?

MM: Höflichkeit lieben. Schenke Gott alles, was du tust, mit dankbarem und demütigem Herzen.

F: Wie bringt man Gott etwas dar?

MM: Dieses Darbringen kann sich in der verschiedensten Weise ausdrücken, mit Worten oder auch bloß mit einem Gefühl. Wenn wir etwas Gutes darbringen wollen, können wir Gott einfach dafür danken. Bei negativen Dingen können wir Gott diese darbringen und Ihn bitten, sie von uns zu nehmen. Indem wir sie einfach darbringen, mag es auch sein, daß wir uns durch das, was wir Gott geben, verlegen fühlen und so anfangen, uns zu verändern.

F: Dürfen wir das materielle Leben genießen?

MM: Ihr dürft das materielle Leben genießen, doch bringt es dem Göttlichen dar.

F: Was bedeutet es, wenn in der Bhagavad-Gita Krishna dem Arjuna sagt, er solle auf die Früchte aller Handlungen verzichten?

MM: Wenn du denkst: »Ich führe diese Handlung aus«, stellst du dein Ich in den Mittelpunkt. Statt alles auf dich zu beziehen, bringe lieber alles dem Göttlichen dar. Wenn du dem Göttlichen alles darbringst, gibt es kein Ego. Wenn es kein Ego gibt, wirst du göttlich.

F: Wie fördert man das Streben?

MM: Das Streben wird gefördert, wenn man alles, was man tut, dem Göttlichen darbringt.

F: Viele Devotees bringen Blumen und Geschenke. Was kann man Dir am besten darbringen? Sind es auch die dunklen Regungen unseres Egos?

MM: Ja, vor allem das Ego. Und eure Freude. Was immer ihr darbringt, solltet ihr aber aufrichtig darbringen, nicht aus einem Pflichtgefühl heraus.

F: Aber das Ego ist schrecklich.

MM: Für das Göttliche ist nichts schrecklich.

F: Ist dem Göttlichen der Inhalt des Dargebrachten wichtig?

MM: Ein Kind bringt seiner Mutter eine Murmel, eine Schnecke, einen Stock. Die Mutter sieht nicht auf das Geschenk, sie ist glücklich, daß das Kind an sie dachte. Was ist irgendeine Gabe für Gott? Gott besitzt alles. Man gibt Gott nur zurück, was Er schenkte. Nicht die Gabe ist wichtig, sondern die Liebe allein.

Das Ego

F: Wie entsteht das Ego?
MM: Wenn der Körper, das Vitale und vor allem der Geist denken, sie seien das Selbst, entsteht die Selbstsucht.

F: Wie kann das Ego die Kraft der Wahrheit hemmen, wenn es so schwach ist?
MM: Verglichen mit dem Göttlichen ist das Ego schwach, doch in der Welt ist es stark.

F: Warum betrachten die Menschen die Welt als wirklich?
MM: Weil sie sich auf Objekte ausrichten und Verschiedenheit statt Einheit wahrnehmen.

F: Wenn das Ego in der Welt stark ist, wie kommen wir dann von ihm los, ohne vor der Welt davonzulaufen?
MM: Wenn ihr innerlich wachst, wird das Ego abfallen. Meditation, Japa und Gebet schwächen das Ego.

F: Muß sich der Abbau des Egos immer wie ein Sterben anfühlen?
MM: Um die Verwirklichung zu erreichen, ist ein Sterben des alten Selbst, des Egos, notwendig. Aber warum darüber trauern? Was hat dir das Ego gegeben, daß du es so lieben solltest? Das göttliche Selbst wird dir alle Dinge geben und dazu noch Glückseligkeit. Betrachte es nicht so, als würde

irgend etwas aufgegeben. Sieh es als ein Wachsen, als ein stetes Stärker –, Liebevoller- und Vollkommener-Werden. Was du dann gestern wolltest, wirst du heute nicht mehr wollen, und was du heute erstrebst, wirst du morgen als nicht mehr nützlich erkennen. Disziplin und Beherrschung sind nötig, aber nicht um eines »Sterbens« willen, sondern im Namen der Liebe und des wahren Lebens. Manchmal muß ein Baum beschnitten werden, damit er gerade wird und wächst.

F: Ist das Absterben des Egos notwendig?
MM: Für Gott ist kein Ego notwendig. Um in dieser Welt zu leben, ist das Ego notwendig. Ihr könnt wählen.

Schmerz auf dem Weg

F: Wie sollen die Menschen mit Angst umgehen, die im Verlauf der spirituellen Entwicklung auftritt?
MM: Sie sollen sich nicht darum sorgen. Angst ist etwas Normales, Natürliches, sie läßt sich nicht unterbinden. Aber sie wird vergehen. So wie Freude kommt und geht, tut es auch die Angst. Nehmt das einfach an und schreitet weiter.

F: Wie soll ich mit dieser Angst umgehen, die manchmal in mir aufsteigt?
MM: Warum sich grämen und fürchten? Geh tiefer in die Freude hinein. Arbeite mit Freude. So beendet man Kummer und Furcht.

F: Wie werde ich mit der Verzweiflung fertig, die mich befällt, wenn ich versage?
MM: Zu versagen ist nicht wichtig. Jeder versagt einmal, jeder macht Fehler. Aber du darfst dich nicht entmutigen lassen. Du darfst nie denken: »Das hier schaffe ich nicht.« Du mußt erkennen, daß nicht du es bist, der die Arbeit verrichtet; es ist die Mutter. Du mußt Ihr vertrauen. Natürlich mußt du dich auch selbst bemühen, aber auf friedvolle Weise, mit offenem Herzen.

F: *Mein Geist schafft ständig Schwierigkeiten. Was soll ich tun?*

MM: Versuche, weise genug zu sein, um zu wissen, daß du nicht weißt. Dann kann das Göttliche dich ruhig, Stufe für Stufe, in das wahre Wissen geleiten. Gib mir deinen Geist ohne Furcht, und ich werde ihn weiten. Wenn das Herz leidet, ist es leicht, sein Leid in Freude zu verwandeln. Aber wenn der Geist eine Phantasie erzeugt und nach ihr lebt, ist es äußerst schwierig, ihn zu verändern. Seid daher auf der Hut. Laßt euren Geist nicht zu eurem ärgsten Feind werden.

F: *Manchmal bin ich nahe daran, die Hoffnung aufzugeben.*

MM: In keinem Augenblick sollte ein Mensch die Hoffnung aufgeben. Gibt er die Hoffnung auf, zerstört er sich selbst. Es gibt immer Hoffnung.

F: *Aber um zu hoffen, muß der Mensch demütig sein.*

MM: Er muß sich selbst kennen. Das wird ihn demütig machen. Dann kann er wahre Hoffnung haben.

F: *Wie kommt es, daß Menschen, die etwas von Deinem Licht erfahren haben, später oft mit negativen Stimmungen und starken Wünschen zu tun haben?*

MM: Emotionen, wie z. B. Ärger, treten nicht auf, um unseren Fortschritt zu hemmen. Sie sind da, in uns, und können nicht immer beherrscht werden. Sie müssen heraus, so daß wir sie verstehen und dem Göttlichen darbringen können. Alles, was in uns ist, wird herauskommen. Auch bei entwickelten Menschen treten Gefühle wie Ärger auf, aber es ist eine andere Art des Ärgers, auch wenn die Menge des Ärgers dieselbe ist. Solche Gefühle bleiben, bis wir in Paramatman aufgehen.

F: Warum müssen unsere Schwächen und Fehler gerade dann so deutlich zutage treten, wenn wir bemüht sind, die »glänzenderen« Seiten unserer Persönlichkeit herauszustellen?
MM: Um meine Arbeit zu tun, müssen Menschen um ihre Schwachpunkte wissen. Und sie müssen diese vollständig kennen, damit sie nicht ihre eigenen Opfer werden. Die Kraft kann nur durch die Demütigen wirken. Ihr müßt den Unterschied zwischen dem Menschlichen und dem Göttlichen in euch kennen, damit ihr das Menschliche durch das Göttliche umwandeln könnt.

F: Trotz all dem, was ich durch Dich erfahren habe, zweifle ich manchmal noch an Dir.
MM: Zweifel hat seinen Nutzen; er bewirkt, daß ihr ehrlich bleibt. Manchmal schwärmen Leute, wie sehr sie mich lieben und Gott lieben, aber ich sehe, was in ihren Herzen ist. Da ist es besser, wenn einer sagt »ich liebe dich«, während er um all den Haß und Zweifel weiß, der immer noch in ihm steckt. Denn dann bedeutet die Aussage etwas, dann kann

die Liebe wachsen. Was für Zweifel auch kommen und wie erschreckend sie auch sein mögen, wißt, daß sie eine Schöpfung eures Geistes sind. Nur das Licht ist wirklich. Dem Ego fällt es schwer, diese Tatsache anzunehmen.

Also schämt euch nicht des Zweifels. Ihr seid Menschen, und diese Dinge befallen den Menschen nun einmal. Setzt alle Energie für euren Wandel ein. Es gibt nur eine Energie, und wenn ihr das wißt, könnt ihr jeden Impuls auf mich hin lenken und alles – für wie schlimm ihr es auch haltet – darbringen, damit es umgewandelt wird.

Leiden

F: Religionen wie das Christentum und der Buddhismus vertreten die Ansicht, daß Leiden gut ist, insofern es uns antreibt, Gott zu suchen. Spielt Leiden eine Rolle bei der Sadhana?

MM: Leiden ist ein Weg, aber nicht der Hauptweg. Es stellt sich von selbst ein, man braucht nicht darum zu bitten. Wenn man leidet, wird man ganz natürlich um Glück bitten. Aber Gott sagt nie, daß Leiden notwendig ist; diese Vorstellung stammt vom Menschen. Das Göttliche fordert uns auf, glücklich, harmonisch und friedvoll zu sein.

F: Wie bewirkt Leiden Veränderung?

MM: Die Menschen leiden im Leben sehr viel, ohne zu wissen, warum. Durch den Einfluß der Gnade wird ihnen geholfen zu erkennen, warum sie leiden, und sich zu ändern. Unwissenheit ist das größte Leid. Wenn das Leid klar ist, kann man seine Ursache finden und sich ändern.

F: Wie stehst Du zu körperlichem Leiden?

MM: Schmerz gehört zum Körperlichen, also muß man ihn annehmen.

F: Können wir unser eigenes Leid mildern?

MM: Wenn wir unaufrichtig sind, empfinden wir Leid. Wenn wir aufrichtig sind, gibt es kein Leid: Wir sind auf die

Mutter ausgerichtet, so daß wir selbst bei körperlichem Leid dieses nicht fühlen. Wir können zwar nicht sagen, daß überhaupt kein Schmerz existiert, aber da wir ihn nicht als zu uns gehörend empfinden, ist er gemildert. Wenn wir Glauben haben, empfinden wir Schmerz in geringerem Maße.

Es hängt von unserer geistigen Einstellung ab, wie wir Leid betrachten. Wenn wir einen Schmerz Gott übergeben, sind wir davon frei. Richten wir dagegen unsere ganze Aufmersamkeit auf ihn, nimmt er zu. Die Menschen machen den Schmerz größer, als er ist, dadurch daß sie sich auf ihn konzentrieren.

F: Warum hat Gott die Welt so gemacht, daß es Schmerz gibt?

MM: Durch ihre geistigen Schöpfungen bauschen die Menschen den geringfügigen Schmerz, den es auf der Welt gibt, zu einem riesigen Drama auf.

Der Intellekt

Adilakshmi: Wie oft habe ich das erlebt! Die Leute kommen mit vielen Fragen an, und dann sitzen sie einfach nur bei der Mutter, und alles ist aus ihrem Geist wie weggefegt. Sie kommen mit Fragen und gehen im Frieden. Frieden und Freude sind die Antwort.

F: Kann Sprache die Wahrheit übermitteln?
MM: Sprache kann auf die Wahrheit hindeuten.

F: Welchen Nutzen hat es, philosophische Systeme zu kennen?
MM: Das Studium verschiedener Wege ist nützlich, weil es ganz allgemein das Wissen über den Weg vermittelt sowie die Achtung vor anderen Traditionen. Wenn wir nur wenige Wege kennen, können wir in unseren Anschauungen leicht eng und starr werden. Erweiterte Kenntnisse sind gut. Sie helfen uns, Erfahrungen, die wir machen, richtig einzuordnen, und bestärken uns, daß wir in die richtige Richtung gehen.

F: Wessen Schriften empfiehlst Du besonders?
MM: Jede Religion hat ihre grundlegenden Bücher. Es ist hilfreich, diese Hauptwerke der Religionen zu lesen. Natürlich können wir auch andere Bücher lesen, die uns ansprechen. Aber die Grundlagen müssen wir kennen. Lest Wer-

ke – nicht nur eins – von Heiligen und Weisen, um eine Vielfalt von Anschauungen zu erwerben.

F: Ich habe bemerkt, daß ich Dinge, die ich wissen muß, erst in dem Augenblick herausfinde, in dem ich stark genug bin, das Wissen zu ertragen.
MM: Ja. Es ist nutzlos, Dinge zu erfahren, bevor man für sie bereit ist. Das verwirrt nur.

F: Sollten wir versuchen, den Gebrauch unseres Intellekts zu zügeln?
MM: Solange unser Verstand andere nicht stört oder verletzt, kann er ruhig bei seiner Tätigkeit bleiben.

F: Ist es Klarheit des Verstandes, die wir brauchen, um an Deinem Werk mitzuarbeiten?
MM: Es ist die Klarheit des Bewußtseins, des Lichts. Aber der Verstand hat seinen Nutzen. Übt ihn darin, wach zu sein. Erzieht ihn dazu, vom höheren Bewußtsein erhellt zu werden. Laßt ihn Diener sein, nicht Herr. Es gibt dem Verstand große Freude, wenn er dem Spirit folgt.

Verwirklichung

F: Können wir Paramatman als das Selbst betrachten?
MM: Erst, wenn ihr mit Paramatman eins werdet.

F: Was ist Atman, die Seele?
MM: Der Atman kommt von Paramatman. So wie der Atman für den Körper unentbehrlich ist, so ist Paramatman notwendig für den Atman. Der Atman lenkt unsere Entwicklung und ist die Basis oder der Ursprung unserer physischen und feinstofflichen Körper. Er wirkt durch die verschiedenen Körper, um alles zu erfahren, und dann bringt er bei der Verwirklichung die gesamten Erfahrungen zurück zu Paramatman.

F: Welche Beziehung haben wir zur Seele?
MM: Die Seele agiert als Beschützer während unserer Leben und ist immer bei uns. Sie hat keine eigenen Wünsche. Sie ist nicht nur Zeuge oder Lenker, sondern unterstützt auch unsere Entwicklung. Frei vom Einfluß unserer Handlungen, bleibt sie während unserer Leben ständig bei uns, bis wir mit dem Göttlichen eins werden.

F: Ist es der Atman, der nicht um seinen göttlichen Ursprung weiß?
MM: Der Atman hat keine Wünsche und ist frei von Leid. Er kommt von Paramatman und hat die Eigenschaften des Lichts. Es ist nicht der Atman, der verwirklicht wird.

F: Wie geschieht der Vorgang der Verwirklichung?

MM: Der Körper, das Vitale und der Geist müssen lernen, mit dem Atman zusammenzuarbeiten. Wenn wir alle für uns notwendigen Erfahrungen gemacht haben, kann der Atman mitsamt allen Umhüllungen im Paramatman aufgehen.

F: Wenn ich in der Meditation den Geist still machen könnte, würde das eine Verwirklichung des Atman sein?

MM: Der Geist und das Vitale ändern sich allmählich und gelangen zu wachsender Erkenntnis, bevor die Verwirklichung geschieht.

F: Wenn Leute von sich sagen, sie hätten Gott verwirklicht, haben sie dann in Wahrheit den Atman realisiert?

MM: Viele sagen, sie seien verwirklicht. Manche sagen es nur, um ihren gewöhnlichen Pflichten zu entfliehen. Die wahrhaft Verwirklichten sagen nicht, daß sie Verwirklichung erlangt haben. Die Verwirklichung der Seele ist noch nicht die volle Verwirklichung. Was ich mit Verwirklichung meine, ist Verwirklichung von Paramatman, nicht vom Atman.

F: Wenn wir Gott verwirklichen, ist es dann nur ein Teil von Gott oder alles?

MM: Verwirklichung umfaßt die gesamte Gottheit, nicht nur einen Teil.

F: Kann man die Befreiung in einem Leben erreichen?
MM: Sie erfordert viele Leben und strenges spirituelles Üben. Es ist nicht gut, zu viel über die Verwirklichung nachzudenken. Arbeitet an euch um des Göttlichen willen, nicht um der Befreiung willen.

F: Könntest Du die Verwirklichung beschreiben? Manche meinen, ein Verwirklichter wird wie ein Stein, ohne Gefühl.
MM: Verwirklichung ist absolutes Gefühl. Es ist die absolute Freiheit, alles zu lieben und alles zu wissen. Der Nichtverwirklichte ist wie ein Stein. Der Verwirklichte ist wie ein Vogel – pures Leben und wahrhaftige Energie und Schönheit.

F: Wie ist ein verwirklichter Mensch?
MM: Er ist im Frieden – wie ein Kind auf dem Schoß der Mutter, wissend, daß es in jedem Augenblick von der Gnade und dem Licht der Göttlichen Mutter getragen wird.

F: Beziehen sich die Beschreibungen von Erleuchtung in den verschiedenen Religionen alle auf dasselbe?
MM: Die verschiedenen Religionen bedienen sich vielleicht unterschiedlicher Techniken, doch letztlich erreichen sie dasselbe Ziel.

F: Was bedeutet Sahaja?
MM: Gewöhnlich unterscheiden die Menschen immer, wo Gott ist und wo Er nicht ist. Im Sahaja erlebt man alles als Gott.

F: Ist es ein bestimmter Augenblick, wenn jemand die Verwirklichung erreicht?

MM: In dem Vorgang gibt es immer wieder ein Erwachen. Aber die Verwirklichung hat kein Ende. Ihr müßt euch stets daran erinnern, daß ihr vorangeht, und dürft an nichts gebunden sein. Die Reise hat kein Ende. Die guten Eigenschaften des Geistes können unendlich gesteigert werden. Ihr müßt euch mehr und mehr öffnen, immer liebevoller werden, immer friedvoller, immer ausgeglichener, immer harmonischer.

F: Was ist vollkommene Verwirklichung?

MM: Mit Paramatman zu verschmelzen ist vollkommene Verwirklichung. Man kann Paramatman verwirklichen, ohne mit Ihm eins zu werden, während man noch im Körper lebt. Aber die vollständige Verwirklichung geschieht nach dem Tod, wenn man keinen Körper mehr hat. Dieses Verschmelzen ist das Ende aller Leben, man kommt nie wieder zurück. Obwohl es ein paar spezielle Ausnahmen gibt, gehen die meisten Wesen in Gott auf und kehren nicht zurück.

F: Was ist mit der Entwicklung unserer verschiedenen Körper, wenn wir mit Paramatman verschmelzen? Hat sie weiterhin einen Nutzen?

MM: Nein, außer Paramatman schickt uns zurück mit einer besonderen Aufgabe. Dann ist die Entwicklung von Nutzen. Im Augenblick des Todes kann der Verwirklichte wählen, nicht in Paramatman einzugehen, sondern zurückzukehren, um anderen zu helfen.

F: Auf dem buddhistischen Mahayana-Weg gibt es den starken Wunsch, um anderer willen zu einem Buddha zu werden und zurückzukehren, um ihnen zu helfen. Wie denkst Du darüber?
MM: Mit dem Göttlichen zu verschmelzen ist das Wesentliche. Danach ist alles Paramatman; wir existieren nicht länger und erfüllen nur sein Gebot. Fordert Paramatman uns auf zurückzukehren, so tun wir das. Wir haben keine eigenen Wünsche mehr.

F: Ich habe in einem Buch gelesen, man könne das Göttliche in einer Stunde verwirklichen.
MM: Mit göttlicher Gnade kann man es in einer Sekunde verwirklichen.

Tätigkeit in der Welt

F: Welche Lebensweise ist am besten?

MM: Es spielt keine Rolle, wie ihr lebt; ihr könnt ein normales Leben führen. Es ist nicht nötig, daß ihr euer ganzes Leben dem Göttlichen weiht. Doch was immer ihr tut, versucht, euch so oft wie möglich auf das Göttliche zu besinnen. Euer einziges Ziel sollte sein, immer zu Gott zu streben.

F: Muß ich meine Stellung aufgeben und meine Familie verlassen, um an Deinem Werk mitzuarbeiten?

MM: Nein. Sadhana kann mitten im Familienleben verrichtet werden. Die Menschen sollen dort bleiben, wo sie sind, ihre ganze Aufmerksamkeit auf das Göttlichen richten und sich dem Licht öffnen. Das ist alles. Ihr braucht nicht physisch in meiner Nähe zu sein, um an meinem Werk mitzuarbeiten. Wo immer ihr seid, werde ich bei euch sein, wenn euer Streben aufrichtig ist.

F: Ich zöge es vor, überhaupt nicht in der Welt zu leben, sondern meine Zeit lieber mit Meditation zu verbringen. Wie denkst Du darüber?

MM: Im allgemeinen empfehle ich ein Gleichgewicht zwischen dem weltlichen und spirituellen Leben. Man soll die Welt und ihre Menschen lieben, nicht sich von ihnen abgestoßen fühlen. Es ist nichts verkehrt an der Welt, das Göttliche ist überall. Nur reicht für gewöhnlich unsere Wahrnehmung nicht aus, die Welt so zu sehen, wie sie wirklich ist.

F: *Könnte ich mich nicht aus der Welt zurückziehen und von einer staatlichen Unterstützung leben?*
MM: Es ist nicht gut, vom Geld eines anderen zu leben. Es entsteht Karma.

F: *Aber wenn ich nur eine kleine Summe vom Staat bekomme?*
MM: Karma ist Karma, das hat nichts mit klein oder groß zu tun.

F: *Ich schaffe es nicht, in der Welt zu leben und Dir zu folgen.*
MM: Du mußt lernen, beide Welten zu ertragen.

F: *Ist es nicht das Beste, eine Situation zu finden, in der man nicht zu arbeiten braucht, so daß man sich die ganze Zeit mit spirituellen Dingen beschäftigen kann?*
MM: Ich akzeptiere es nicht, daß Leute nicht arbeiten. Jeder muß arbeiten. Ich arbeite auch. Jeder muß das tun, was er kann. Dies ist keine Zeit, um sich aus der Welt zurückzuziehen. Diese Zeit verlangt, daß man mit der Kraft und mit der Liebe des Göttlichen in der Welt wirkt. Ich akzeptiere niemanden, gleich welchen Alters, der nur hierherkommen

möchte, um bei mir zu sein. Ich möchte, daß die Menschen kommen und wieder gehen. Wenn Menschen sich wirklich dem Göttlichen widmen, dann besteht gar kein Unterschied zwischen Handlung und Gebet.

F: Empfiehlst Du ein Ashram-Leben?
MM: Nein. Ashrams interessieren mich nicht. Ich habe kein Interesse daran, eine Bewegung für Leute zu gründen, die nicht arbeiten wollen, die nur herumsitzen und über etwas, das sie für Gott halten, nachdenken wollen. Die Menschen sollen ihr normales Leben weiterführen. Das Leben in einer Familie ist ein sehr guter Platz, um an meinem Werk mitzuarbeiten. Der Mensch lernt dort Selbstlosigkeit. Ich möchte, daß Menschen stark, selbstsicher und selbstlos sind und mit den Fähigkeiten und Talenten, die sie haben, etwas für die Welt leisten. Ich möchte, daß sie arbeiten. Diese ganzen alten Trennungen zwischen »heilig« und »weltlich« entsprechen nicht der Wirklichkeit. Alles ist göttlich, alles. Dies alles ist Gott. Jeder muß sich dessen bewußt werden.

F: Manche meinen, daß geistige Arbeit etwas Besseres sei als handwerkliche Arbeit und daß spirituelle und weltliche Tätigkeit zwei verschiedene Dinge seien.
MM: Das stimmt nicht. Es gibt keinen Unterschied. Für mich besteht kein Unterschied zwischen den verschiedenen Arten der Arbeit.

F: Empfiehlst Du, Seminare oder Veranstaltungen zu besuchen, bei denen während vieler Tage oder Wochen Japa und andere Meditationen geübt werden?

MM: Das Göttliche ist überall. Es ist nicht nötig, sich zurückzuziehen. Aber diesbezüglich gibt es keine starre Regel. Wenn jemand das möchte, ist es in Ordnung.

F: Ist es nicht wichtig, unsere Arbeit nicht nur einfach so zu tun, sondern sie als Teil unserer Sadhana zu verstehen und mit derselben Sorgfalt auszuführen?

MM: Ja, man muß seiner Arbeit und seiner Sadhana dieselbe Bedeutung beimessen und beides im Gleichgewicht halten.

F: Wenn ich mich bei meiner Arbeit zu stark auf das Göttliche ausrichte, entgleitet mir die Arbeit dann nicht, und ich werde untüchtig?

MM: Nein, wenn man an das Göttliche denkt, läuft die Arbeit spontaner und harmonischer ab. Wenn man an eine Arbeit nur mit dem Verstand herangeht, kann vieles schiefgehen.

F: Ist es selbstsüchtig, sich um das eigene spirituelle Leben zu kümmern? Sollten wir versuchen, anderen zu helfen?

MM: Anderen zu helfen ist immer am besten. Aber Ausgewogenheit und eins mit dem anderen zu verbinden ist wichtig. Konzentriert euch nicht nur in eine Richtung.

F: Was ist das vollkommene Leben?

MM: Das Göttliche zu verwirklichen ist das einzige vollkommene Leben.

Zwischenmenschliche Beziehungen

F: Was ist Liebe?
MM: Immerfort für andere das tun, was sie brauchen, ohne irgendeine Gegenleistung zu erwarten – das ist Liebe.

F: Ist menschliche Liebe ein Teil der göttlichen Liebe?
MM: Keine Liebe zeigt sich ohne göttliche Gnade.

F: Wenn Menschen sich verlieben, fühlen sie oft, daß ihre Liebe zu allen Menschen fließt. Ist das spirituell hilfreich?
MM: Verliebt sein und diese größere Liebesfähigkeit zu erfahren hilft in bezug auf das weltliche Leben, sollte aber nicht mit Spiritualität verwechselt werden. Die Fähigkeit, viele Menschen zu lieben, beinhaltet nicht notwendigerweise, daß man leichter das Göttliche liebt. Aber verliebt sein ist nicht schlecht, einige werden dem Göttlichen dankbar sein für diese Erfahrung; andere jedoch vergessen darüber das Göttliche.

F: Ist selbst die tiefste menschliche Liebe Bindung?
MM: Einen Menschen zu lieben ist Bindung. Das Göttliche zu lieben ist ebenfalls Bindung. Liebe ist Liebe. Wenn wir erkennen, was Lieben bedeutet, können wir einander lieben und auch das Göttliche lieben. Liebe entsteht spontan und kennt keine Regeln und Vorschriften. Man sollte ihr ermöglichen zu wachsen.

Es ist nicht notwendig, daß ihr mich liebt. Auch wenn ihr einen anderen liebt, wird diese Liebe mich erreichen.

F: Erwächst aus der Liebe zur eigenen Familie die Liebe zu Gott?

MM: Wenn ein Mann lernt, Frau und Kinder recht zu lieben, wird er die Gewohnheit des Liebens annehmen und so den Beginn der Selbstlosigkeit lernen. Damit kann er dann sein Herz Gott zuwenden.

F: Welche spirituelle Bedeutung hat das Leben in einer Familie?

MM: Eine friedliche, harmonische Familie zu haben ist eine große spirituelle Leistung, so wie es auch ein wahrhafter Ehebund ist. Viel Arbeit und Opfer sind von den Beteiligten gefordert. Die Welt ist eine Familie. Die wahre Einsicht bedingt, sich selbst als Teil dieser Familie und alle anderen als mit sich verbunden, also als Teile von einem selbst zu betrachten. Um diese Einsicht bemüht sich auch der echte Mönch und Sannyasin. Wenn sie sich vom Familienleben zurückziehen, sollte es geschehen, um die ganze Welt als eine Familie zu entdecken. Ansonsten wäre ihr Suchen selbstsüchtig, unerleuchtet.

F: Ist es für eine ledige Person leichter, Sadhana auszuüben?

MM: Es ist keine Frage, ob man verheiratet ist oder nicht,

sondern, ob man aufrichtig ist oder nicht. Wenn zwei Menschen in einer Beziehung wirklich voll auf das Göttliche ausgerichtet sind und sie zueinander passen, kann ihr Fortschritt sogar schneller sein als der einer alleinstehenden Person, weil sie sich gegenseitig ergänzen.

F: Warum ist spirituelle Entwicklung schwierig, wenn man eine Familie hat?
MM: Wir neigen dazu, der Familie zu große Bedeutung beizumessen, und dadurch verfangen wir uns in Problemen. Wenn wir uns weniger an die Familie fesseln und die Früchte unserer Handlungen dem Göttlichen darbringen, bleiben wir freier und können die Hindernisse unbeteiligt beobachten.

F: Wie können wir beurteilen, ob eine Ehe dem spirituellen Fortschritt dient oder nicht?
MM: Wenn in einer Ehe keine Harmonie ist, gibt es auch kein Wachstum. Harmonie ist ein sicheres Zeichen für spirituelles Gedeihen. Wo es keine Eifersucht oder Ärger gibt, dort herrscht Harmonie. Das ist nicht irgendein hoher Zustand, das ist gesunder Menschenverstand.

F: Sollten wir versuchen, das Göttliche in jedem zu erkennen, selbst im schlimmsten Verbrecher?
MM: Das Göttliche in allem zu erkennen ist am besten, aber es ist schwer.

F: Kann Freundschaft ein Hemmnis für spirituelle Praxis sein?
MM: Wenn man seine Liebe und Zuneigung zum Göttlichen wendet, wird alles in Ordnung sein.

F: Ist mein Freund eine Hilfe für meine Sadhana? Soll ich unsere Beziehung fortsetzen oder abbrechen?
MM: Es ist nicht nötig, eine Freundschaftsbeziehung aufzugeben. Kein Mensch ist vollkommen. Um ein harmonisches Leben zu führen, müssen wir die Gefühle der anderen achten. Wenn wir mit ihnen zusammenarbeiten, ist es nicht nötig, allein zu leben, um das Göttliche zu erreichen.

F: Haben Deine Anhänger untereinander eine besondere Beziehung?
MM: Es gibt keine besondere karmische Beziehung, aber sie spüren, daß sie einer ganz großen Familie angehören – Kinder bei ihrer Mutter.

Sexualität

MM: Verwechselt nicht menschliche mit göttlicher Liebe. Löst euch vom Verlangen, wenn es von alleine geht. Aus Freude, nicht aus Leid sollte man entscheiden, sich vom Verlangen zu lösen. Ich möchte, daß ihr von unvollständiger Freude zu ganzer, vollkommener Freude voranschreitet.

F: Welche Einstellung sollte ich zur Sexualität haben?
MM: Die Arbeit geschieht am schnellsten und reinsten, wenn man ohne Sex und Verlangen leben kann. Das können aber nur sehr wenige. Für viele ist es äußerst gefährlich zu versuchen, die Sexualität zu transzendieren, bevor sie dafür reif sind. Wesentlich ist nicht das Entsagen, sondern das Darbringen.

F: Ich fühle mich bereit, mit dem Sex aufzuhören. Aber ich habe gehört, das könne gefährlich sein. Was ist Deine Meinung?
MM: Wenn die Entscheidung, mit dem Sex aufzuhören, tatsächlich aus dir selbst kommt, ist es in Ordnung.

F: Viele, die ein spirituelles Leben anstreben, haben Fragen zur Sexualität. Sollte jemand, der den spirituellen Weg betritt, Sexualität aus seinem Leben ausschließen?
MM: Im Spirituellen ist Sexualität überhaupt nicht wichtig.

Ein spiritueller Mensch kann sich entscheiden, sexuelle Beziehungen zu haben oder auch nicht. Spiritualität und Sexualität sind verschiedene Dinge.

F: Was denkst Du über die verschiedenen Formen der Beziehung: verheiratet, als Single lebend, homosexuell usw.?
MM: Im allgemeinen hat ein Mann, der ein Mann ist, eine Familie, mit der er lebt. Wer der Ansicht ist, daß Geschlechtsverkehr zwischen Mann und Frau nicht in Ordnung ist, sollte nicht meinen, daß Homosexualität oder Selbstbefriedigung besser oder spirituell überlegen seien – das ist falsch. Sex ist Sex.

F: Hilft das sexuelle Glücksempfinden dem Menschen, die spirituelle Glückseligkeit zu verstehen?
MM: Nein. Diese Vorstellung ist fundamental falsch. Der Genuß, den zwei Menschen sich gegenseitig bereiten, hat keine spirituelle Bedeutung.

F: Kann Sex ein Weg zur Erleuchtung sein?
MM: Nicht für sich allein. Wichtig ist, eine aufrichtige Hingabe an das Göttliche zu besitzen. Ob du verheiratet bist oder enthaltsam lebst, hängt von deiner Beziehung zum Göttlichen ab. Der Ehestand ist kein Hindernis für die Erleuchtung. Wenn verheiratet zu sein in deinem Karma liegt, wirst du dem nicht entgehen.

*F: Können verheiratete Devotees Dir ihren Liebesakt dar-
bringen? Wird dies den Liebesakt heiligen?*

MM: Ja. Alles kann dargebracht werden. Wenn sie ihn
wirklich darbringen, wird er gesegnet.

Kinder

F: *Welches ist die beste Art, Kinder über Gott zu belehren?*
MM: Kinder müssen nicht belehrt werden, ihnen liegt das Gewahrsein Gottes im Blut. Oft nehmen Kinder mehr Licht auf, weil sie offener sind.

F: *Wie können wir die Spiritualität unserer Kinder fördern?*
MM: Wenn Eltern es wünschen, können sie ihren Kindern den eigenen Weg vermitteln, welcher es auch sein mag.

F: *Meine Tochter ist sieben Jahre alt. Ist sie noch zu jung, um über Gott belehrt zu werden?*
MM: Zwinge sie nicht, aber du kannst sie unterrichten. Um meditieren zu erlernen, ist sie aber noch zu jung. Das kann sie, wenn sie etwa 12 Jahre alt ist.

F: *Wann geht die Seele in den Fötus ein?*
MM: Das hängt vom Willen des sich inkarnierenden Wesens und auch von den Gedanken der Eltern in bezug auf ihr Kind ab.

F: *Wie denkst Du über Abtreibung?*
MM: Alle Ursachen für den Verlust einer Schwangerschaft könnte man als Abtreibung betrachten. Wir können nicht verallgemeinern, daß Abtreibung gut oder schlecht ist; es kommt auf die Umstände und die Motivation an. Zu viele

Kinder zu haben könnte für eine Familie Armut oder mangelnde Erziehungsmöglichkeiten bedeuten; das wäre eine Strafe für die anderen Kinder. Im allgemeinen ist es nicht gut, Menschen zu zwingen, ungewollte Kinder zu bekommen.

F: Hat es eine bestimmte Bedeutung, wenn man als Zwilling geboren wird?
MM: In einem früheren Leben war es für die zwei Menschen sehr schmerzhaft, als sie getrennt wurden, daher inkarnieren sie sich nun zusammen.

F: Als mein Kind einmal ganz niedergeschlagen war, betete ich, um seine Niedergeschlagenheit auf mich zu nehmen. Tatsächlich ging es ihm bald besser, dafür wurde ich sehr depressiv. Ist es wirklich so, daß ich seine Stimmung auf mich nahm?
MM: Ja, so etwas geschieht oft, besonders bei Eltern und ihren Kindern.

F: Was geschieht mit dem Karma eines Menschen, dessen Schmerz ein anderer auf sich nimmt? Wie lernt er dann seine Lektion, als die das schmerzliche Ereignis gedacht war?
MM: Er wird trotzdem irgendwann den Schmerz durchleben müssen. Am besten ist es, um göttliche Hilfe zu beten.

F: Welchen Sinn hat es dann, die Leiden anderer auf sich zu nehmen, wenn sie trotzdem später hindurchgehen müssen?

MM: Wenn Menschen in einer Familie zusammenleben, wird häufig das Leiden des einen von anderen übernommen. Wenn einer z. B. eine depressive Veranlagung hat, wird diese sich immer wieder zeigen. Wenn die Eltern nun einen Großteil der Depressionen auf sich nehmen, muß das Kind nicht mehr so viel leiden. Und falls dann die Depressionen wiederkehren, kann es, weil es eine Erleichterung gehabt hat, mit ihnen eher umgehen.

Emotionen

F: *Was ist gut und was ist schlecht an Gefühlen?*
MM: Im allgemeinen sind Gefühle oberflächliche Regungen und behindern den tieferen Zugang zu seinem Selbst. In diesem Sinn sind sie nur nachteilig. Sie stören die Fähigkeit, friedvoll zu sein.

F: *Es scheint, man braucht Gelassenheit gegenüber den Ereignissen des Lebens?*
MM: Ja, sie ist sehr wichtig. Ihr müßt ruhig sein; nichts darf euch schrecken, nichts, was ihr erlebt oder empfindet, sollte euch erschüttern. Um so zu sein, müßt ihr euch mit voller Konzentration auf Gott ausrichten.

F: *Furcht erscheint schrecklich zerstörerisch. Hat sie überhaupt irgendeinen Wert?*
MM: Wenn wir uns fürchten, so bitten wir um göttliche Hilfe. So hilft uns Furcht, an Gott zu denken.

F: *Welche Bedeutung hat der Humor auf dem Weg?*
MM: Er gehört genauso zum Leben wie der Kummer oder irgend etwas anderes. Menschen, die Humor haben, erkennen vielleicht leichter die eigenen Fehler.

F: Der Mensch im Westen wird zur Härte erzogen, weil man glaubt, daß er dadurch stark wird.

MM: Aber hart ist nicht gleich stark. Liebe macht stark. Nur die Liebe, die in Gott ihre Wurzeln hat, ist stark. Sie erträgt alles.

F: Viele Menschen im Westen erscheinen so unduldsam gegenüber anderen.

MM: In Indien lassen die Menschen die Schwächen anderer viel mehr gelten als hier im Westen. Wenn in Indien jemand nicht stark ist, so braucht er es auch nicht zu sein. Wenn jemand nur geringe Geistesgaben besitzt oder sogar zurückgeblieben ist, wird das angenommen. Für jeden ist ein Platz da.

F: Ich schäme mich über den Zorn, den ich auf jemanden habe.

MM: Was nützt es, sich zu schämen? Du mußt den Zorn einfach betrachten. Am besten ist es, überhaupt nicht zornig zu werden, aber wenn du es schon mußt, so versuche, den Zorn als Gabe darzubringen. Wenn der andere sich nicht ändert, so löse dich ruhig von ihm, und gib den Zorn auf. Was du auch immer tust, laß dich nicht davon fesseln.

F: Der Dalai Lama hat geschrieben, wir sollten besonders unsere Feinde achten, da sie uns Geduld und Vergebung lehren. Ist das so?

MM: Auch Jesus sagte das, und es ist eine große Wahrheit. Es ist leicht, seine Freunde zu lieben. Wenn man aber in seinem Herzen ein tiefes Mitgefühl für seine Feinde empfindet, dann macht man wirklich Fortschritte und lernt die Macht der Liebe.

F: Was soll ich mit meinen ablehnenden Gefühlen anfangen?
MM: Du kannst alles Gute und Schlechte mir darbringen. Es ist besser, nicht über den Fehlern zu brüten, die man gemacht hat. Man muß weitergehen und versuchen, es das nächste Mal besser zu machen. Böse Menschen zu hassen wird sie nicht ändern. Sie zu lieben ändert sie.

F: Wie soll ich mich verhalten, wenn mich jemand verletzt?
MM: Bete sofort, daß er sich ändern möge, und schicke ihm Liebe. Dein Schmerz wird zu Freude werden. Das ist eine äußerst wirksame Methode, das Ego umzuwandeln.

F: Was kann man tun, wenn der Geist dauernd mit negativen Gedanken erfüllt ist?
MM: Vergiß nie, zu Gott zu beten. Sie werden aufhören.

Ernährung

F: Empfiehlst Du vegetarische Ernährung?
MM: Ich verlange nicht, daß die Devotees kein Fleisch essen sollen. Wenn jemandem Fleisch bekommt und es seinen Körper stark erhält, ist es nicht falsch, es zu essen. Im allgemeinen, wenn etwas eurem Körper bekommt, solltet ihr es essen. Um ein spiritueller Mensch zu sein, ist es nicht nötig, alle Wünsche auszurotten. Die Erfüllung von Wünschen, die euch stärken und andere glücklich machen, ist gut. Welche Wünsche erfüllt werden sollten, ist von Mensch zu Mensch verschieden.

F: Aber Fleisch zu essen bedingt, daß Tieren weh getan wird.
MM: Einige Traditionen sagen, daß es dem Gemüse weh tut, wenn man es zerschneidet. Wir müssen essen, um zu leben – es ist ein Kreis. Manche leiden, wenn sie kein Fleisch essen. So gibt es Leiden hier wie dort.

F: Sind asketische Übungen wie z. B. fasten hilfreich?
MM: Fasten ist nicht nützlich für den spirituellen Weg. Aber wenn jemand zuviel ißt, ist es aus physiologischen Gründen besser, die Nahrungsmenge zu verringern.

F: Wie beeinflußt uns die Nahrung?
MM: Ihr müßt selber entscheiden, was ihr essen mögt. Die Erlangung des spirituellen Ziels wird dadurch nicht beeinflußt.

Tod und Wiedergeburt

F: Wie können wir uns auf den Tod vorbereiten? Ist das Sterben für Menschen, die einen spirituellen Weg beschritten haben, anders?

MM: Sinnt nicht über den Tod nach; wir können uns nicht auf ihn vorbereiten. Aber während wir leben, sollten wir so viel wie möglich Japa machen und uns auf Gott besinnen. Das hilft, daß das Sterben sanft vor sich geht. Die Süße des Göttlichen besteht nach dem Tod weiter. Für diejenigen jedoch, die keinem spirituellen Weg gefolgt sind, ist es möglich, daß sie im Sterben erkennen, welche wunderbare Realität Gott ist und wie leer ihr Leben war. Wenn ihre Sehnsucht nach Gott beim Sterben stark genug ist, kann die Auswirkung davon die gleiche sein wie bei einem Sucher. Vielleicht haben solche Menschen in früheren Leben stark nach Gott gestrebt, und dies zeigt sich wieder in der Todesstunde. In solchen Fällen besteht für sie die Möglichkeit, das Göttliche zu verwirklichen.

F: Wie können wir Sterbenden helfen?

MM: Betet, daß sie nach dem Tod ein friedvolles Weiterleben haben.

F: Wohin gehen wir zum Zeitpunkt des Todes?

MM: Wo wir hinwollen, dorthin gehen wir. Unser Wunsch zum Zeitpunkt des Todes und die Handlungen unseres Lebens bestimmen die zukünftige Erfahrung.

F: *Werden wir uns in dem Zustand nach dem Tod Deiner Hilfe bewußt sein?*

MM: Ja, ich werde euch auch nach dem Tod helfen, und ihr werdet wissen, daß ich es bin, die hilft.

F: *Was geschieht nach dem Tod mit der Seele?*

MM: Im Zustand nach dem Tod entwickelt sich die Seele weiter. Manche Seelen gehen nach dem Tod direkt zu Gott, die meisten dagegen haben eine Bindung an den Körper und werden deshalb wieder in einen physischen Körper hineingeboren. Da man sich seine Wünsche in der feinstofflichen Welt nicht erfüllen kann, muß man, solange man Wünsche hat, wieder einen Körper annehmen. Manche hochentwickelte Seelen, wie Herr Reddy, können ihren vervollkommneten feinstofflichen Körper behalten, um anderen zu helfen.

F: *Wen stellt die Hauptfigur auf Deinen Bildern von den Zuständen nach dem Tod dar?*

MM: Die Gestalt von Herrn Reddys Seele, ihr feinstofflicher Lichtkörper, ist dargestellt. Ich male einfach, was ich sehe.

F: *Welchen Einfluß hat Selbstmord auf das eigene Karma?*

MM: Selbstmord beendet nicht die Arbeit, die in diesem Leben zu tun war; sie muß daher im nächsten Leben fortgesetzt werden. Es ist besser zu vollenden, was man jetzt in diesem Leben vollbringen muß. Beim Selbstmord vergeht zwar der Körper, doch die Persönlichkeit ist ruhelos, und dieser ruhelose Zustand setzt sich in die nächste Geburt hinein fort.

F: Ist es besser, einen Leichnam zu begraben oder zu verbrennen?
MM: Im Hinblick auf die Hinterbliebenen ist es besser, den Körper eines geliebten Menschen zu begraben, weil das Vorhandensein einer Grabstätte ein stärkeres Empfinden der Nähe des Verstorbenen zuläßt als ein kleines Gefäß mit Asche. Die Erinnerung an ihn lebt dann im Geist und im Herzen fort. In manchen Religionen allerdings glaubt man, daß durch die Einäscherung nicht nur der Körper, sondern auch etwas vom schlechten Karma verbrannt wird.

F: Menschen besuchen oft jahrelang die Gräber von geliebten Personen. Ist das nicht töricht, da die Seele sich längst irgendwo anders inkarniert haben kann?
MM: Nein, denn selbst dann bleibt etwas von diesem Menschen zurück, eine physische Schwingung.

F: Warum ist es nötig, sich zu inkarnieren?
MM: Wir können die Vereinigung mit dem Göttlichen nicht in einem Leben vollenden.

F: Ich glaube, ich war in einem vergangenen Leben eine bestimmte geschichtliche Person, über die ich gelesen habe. Stimmt das?

MM: Nein. Du hast dieses Gefühl nur deshalb, weil du zu dieser Person eine Beziehung hast.

F: Wie waren meine früheren Leben?

MM: Vergiß die Vergangenheit. Lebe in der Gegenwart und besinne dich auf Gott.

Sünde

F: *Was ist Sünde?*
MM: Es gibt nur eine Sünde, und die besteht darin, nicht genug zu lieben.

F: *Welches ist die schlimmste Sünde?*
MM: Deine Nächsten oder andere zu hassen und zu verletzen und ihre Gefühle zu mißachten.

F: *Wenn wir vom Göttlichen abstammen, woher kommt dann der Impuls zu sündigen?*
MM: Wir vergessen immer, daß wir Teil des Göttlichen sind. Wir messen dem Ego Bedeutung bei. Wir nehmen uns selbst zu wichtig, und dadurch unterliegen wir der Sünde. Wenn ihr euch stets an das ganze Göttliche erinnert, nicht nur an das Göttliche in euch, werdet ihr nicht sündigen.

F: *Was ist der Ursprung der Sünde?*
MM: Die Ganzheit des Göttlichen zu vergessen verursacht Sünde. Das Göttliche ist allmächtig und allwissend.

F: *Vergibt die Mutter Sünden?*
MM: Jeder sollte vergeben. Wenn wir nicht vergeben, können wir nicht menschlich genannt werden. Zu vergeben ist eine grundlegende Eigenschaft für einen Menschen. Verzeihung ist ebenso wichtig wie Liebe. Allerdings sind auch Ge-

setze und Bestrafung notwendig, um die Ordnung in der Gesellschaft aufrechtzuerhalten.

F: Christus rettete Diebe und Prostituierte. Hat der Avatar die Macht, eine außergewöhnliche Vielfalt von Menschen zu retten?
MM: Ja, der Avatar hat die Macht, jeden Menschen und jedes Karma zu ändern.

F: Wie kann sich jemand, der etwas Schlechtes getan hat, Gott öffnen?
MM: Streben und Reue können alles ändern.

F: Was zählt, ist also nicht so sehr, was man getan hat, sondern die Tiefe der Gottergebenheit?
MM: Obgleich der Dieb oder die Prostituierte schlechte Sachen machen, mögen sie dem Göttlichen doch einen reinen Moment der Konzentration und Hingabe schenken. Dieser Moment ist wertvoller, als Stunden in einer Meditation zu sitzen und von anderen Dingen zu träumen. Nicht die Menge der Zeit, die Gott gewidmet wird, ist wichtig, sondern die Qualität und die Intensität der Hinwendung.

Böse Mächte

F: *Gibt es eine Kraft, die gegen das Göttliche wirkt?*
MM: Ja.

F: *Beherrschen böse Mächte die Welt?*
MM: Das Göttliche herrscht. Das Göttliche weiß, wie das Böse zu gebrauchen ist. Die bösen Mächte sind sehr gefährlich, aber auch sehr dumm. Habt niemals Angst vor dem Bösen, auch nicht unter den schlimmsten Umständen. Das Göttliche ist immer helfend gegenwärtig. Das kann man erfahren. Das Böse ist zwar wirklich, aber es ist nicht die letzte Wirklichkeit. Die letzte Wirklichkeit ist das Licht und die Liebe Gottes. Seid immer und jeden Augenblick in dieser letzten Wirklichkeit fest verankert, und um euch herum wird sich das Böse auflösen.

F: *Warum gibt es Böses in der Welt?*
MM: Aufgrund von Herzlosigkeit. Wenn sich das Herz entfaltet, gibt es Großmut.

F: *Zu welchem Zweck besteht das Böse?*
MM: Um dem Menschen zu helfen, sich zu entwickeln und zu wachsen. Um ihm die Folgen seiner eigenen Entscheidungen vor Augen zu führen. Um zu bewirken, daß er sich von den Spielsachen der Welt abwendet und nach seinem wahren Selbst, seinem wahren Wesen sucht.

F: Kann eine böse Tat ein positives Ergebnis haben?

MM: Der böse Mensch kann vielleicht wach werden, während er Böses tut. Alles ist möglich.

F: Was empfindest Du, wenn Du jemanden siehst, der viel Schreckliches begangen hat?

MM: Ich sehe nicht nur eine Person, sondern viele dahinter – das ganze Bild ist zu betrachten. Meine Liebe gilt allen, ich liebe die guten wie die schlechten Menschen.

F: Wenn Hitler oder Saddam Hussein zu Dir kämen, würdest Du ihnen Darshan geben?

MM: Ja.

F: Hast Du Erfahrung mit Dämonen?

MM: Ja, aber das geht die an, die mit dem Licht arbeiten. Es ist nicht nötig, dies Menschen zu erklären. Es ist eine Sache des Göttlichen. Um Dämonen abzuwehren, vertraut auf das Göttliche. Mehr braucht ihr nicht.

Wissenschaft, Technologie und die Zukunft

F: *Wie denkst Du über die technischen Errungenschaften des Westens?*

MM: Der Westen hat in der Medizin, der Physik, den Wissenschaften und der Technologie Bedeutendes erreicht. Es ist wichtig, diese Errungenschaften nicht abzulehnen, sondern sie von einem höheren Bewußtsein her zu steuern. All dieses Wissen sollte der Welt helfen, sich selbst zu bewahren.

F: *Haben sich nicht die Anwendung der Wissenschaft und der falsche Glaube an ihre Macht als sehr gefährlich erwiesen?*

MM: Der Glaube an jedwede Macht – außer an die des Göttlichen – ist gefährlich. Andererseits kann jede Macht nützlich sein, wenn sie von göttlichem Bewußtsein beseelt und von Liebe gelenkt wird. Wissenschaft ist etwas Großes, und einige der bedeutendsten Wissenschaftler sind dem Göttlichen nahe. Wollten sie nur einen Schritt zum Licht tun, würde sich dieses ihnen offenbaren. Die größten Wissenschaftler sind demütig – vielleicht demütiger als Künstler und Philosophen –, weil sie an das gewöhnt sind, was sie nicht sehen können, und auch weil sich bei ihren Entdeckungen ein Geheimnis nach dem anderen enthüllt.

F: *Werden die Wissenschaftler aufhören, als Verkünder der Weisheit aufzutreten, und erkennen, daß es Gott wirklich gibt?*

MM: Viele Wissenschaftler empfangen mein Licht. Die Wissenschaft wird nicht wie bisher weitergehen. Es wird einen natürlichen Fortschritt zu einer spirituelleren Betrachtungsweise geben.

F: *Wird die menschliche Evolution in Tausenden von Jahren sehr viel anders sein?*

MM: Die Menschen werden ähnlich bleiben, doch ihre Technologien werden anders sein.

F: *Wird die Welt in der Zukunft noch aus Materie bestehen?*

MM: Es wird immer Materie geben. Aber in uns wird mehr Liebe sein.

Die Krise der Welt

F: Ist gegenwärtig ein besonders gefährlicher Augenblick für die Welt?
MM: Es gibt immer einige Probleme, doch besteht keine Gefahr, daß sie zur Zerstörung der Welt führen.

F: Wenn die Menschheit überleben soll, müssen wohl innerhalb der nächsten 20 Jahre weltweit einige große Entscheidungen hinsichtlich der Umwelt und der Atomwaffen getroffen werden. Ist das nicht so? Und wird es diese Entscheidungen geben?
MM: Das Göttliche wird immer seinen Schutz schenken. Die Menschen machen viele Fehler, doch Gott schützt sie, hilft, verzeiht und hat Nachsicht mit ihnen. Das ist die göttliche Art.

F: Was ist mit der Vernichtung durch Kernenergie?
MM: Wenn die göttliche Gnade bei den Menschen ist, kann keine von Menschen erzeugte Energie die Welt zerstören. Gott ist nicht blind, er beobachtet die Lage. Die Vernichtung der Menschheit ist eine menschliche, nicht die göttliche Idee.

F: Viele sagen, in den kommenden Jahren stünde ein Zusammenbruch der westlichen Kultur, wie wir sie kennen, bevor.
MM: Es gibt immer Veränderungen, doch steht kein großer Zusammenbruch bevor.

F: Kann der Westen Dein Licht begreifen, bevor es zu spät ist?

MM: Der Westen begreift es sehr wohl. Wie könnte ich mich sonst da aufhalten?

F: Wirkt das Göttliche nicht auch durch Zerstörung, um den Weg für etwas Neues frei zu machen?

MM: So ist es nicht. Das Göttliche bewirkt, daß wir uns unserer Fehler bewußt werden. Das tut manchmal weh. Aber das Göttliche zerstört nicht in der Weise, wie du es andeutest. Das Göttliche ist Liebe! 99 Prozent der Zerstörung verursachen die Menschen. Die Menschen müssen ihre Verantwortung erkennen.

F: Wie siehst Du die verschiedenen in Streit befangenen Völker der Welt?

MM: Für mich ist die Welt meine Familie. Die Welt ist wahrhaftig eine Familie, nur der Verstand erkennt das noch nicht. Aber die Menschen sind dabei aufzuwachen.

F: Warum leiden bestimmte Völker mehr als andere?

MM: Karma. Auch in reichen Ländern gibt es Leid, nur in einer anderen Art.

F: Warum gibt es so viel Leid auf der Welt?

MM: Es ist das normale, gewöhnliche Maß.

F: Wie lange wird es Streit in der Welt geben?
MM: Es wird Streit geben, solange es eine Welt gibt. Aber die Verhältnisse bessern sich.

F: Was ist mit der Theorie des Gruppeneffekts, d. h. daß die Umgebung geschützt wird, wenn genügend Menschen gleichzeitig an einem Ort meditieren?
MM: Selbst eine Person kann die ganze Welt beschützen.

F: Wie kommt der Weltfrieden zustande?
MM: Der Weltfrieden wird durch das Göttliche zustande gebracht.

F: Wie kann Harmonie in die Welt einziehen?
MM: Wir sollten nicht denken, daß unsere eigene Religion besser ist als eine andere oder unser eigenes Land besser als ein anderes. Wenn wir jeden einzelnen in seiner Eigenart lieben und achten, dann wird sich Harmonie einstellen.

F: Könntest Du etwas zu den Gefahrensituationen in der Welt sagen?
MM: Woher weißt du, daß es Gefahrensituationen gibt?

F: Ich lese die Zeitungen.
MM: Du tätest viel besser daran, die Zeit, die du täglich fürs Zeitunglesen verwendest, damit zu verbringen, zu Gott um Frieden in der Welt zu beten.

F: Gefährdet nicht die Unvollkommenheit der Menschen die Zukunft der ganzen Menschheit und das Leben auf der Erde?

MM: Gott hat normale Menschen erschaffen, keine unvollkommenen. Allerdings erlaubt Er der Menschheit, sich zu verhalten, wie es ihr beliebt. In ihrem Entwicklungsprozeß handeln die Menschen gemäß ihrem eigenen Verstand und nicht nach dem Willen Gottes. Gott gibt uns Gelegenheit, unseren Intellekt zugunsten von Harmonie einzusetzen. Wenn wir ihn für zerstörerische Zwecke mißbrauchen, gibt Er uns Gelegenheit, uns zu ändern. Gott läßt uns gewähren – jedoch nur, bis die Lage kritisch wird. Dann gebietet Er Einhalt, und was wir weiterhin versuchen, können wir nicht mehr ausführen. Das Göttliche schreitet also sehr wohl ein, doch nicht in zerstörerischer Weise. Göttliche Gnade ist immer am Werk, in einer Krise allerdings gibt es ein massives göttliches Eingreifen.

F: Sind wir nicht viel zu hilflos, um uns gegen die Medien, Politiker usw. wirklich durchzusetzen?

MM: Der Mensch kann viel ausrichten, wenn er sich dem Göttlichen zuwendet und zu einem Kanal wird, durch den das Göttliche wirken kann.

F: Wird es einen Evolutionssprung geben, durch den der Mensch aus dieser Krise herauskommt?

MM: Der Mensch muß sich um diesen Sprung bemühen. Er

muß bewußt werden, muß nach Veränderung hungern, muß den Sprung herbeisehnen. Streben und Bemühen sind alles. Meine Hilfe wird immer gegeben, meine Hilfe und mein Licht.

F: *Was kann ich tun, um dem Weltfrieden zu dienen?*
MM: Bete zu Ihm, daß es Frieden geben möge. Bringe Licht in dein Leben hinein, so daß du Sein Friedenswerk in der Welt tun kannst. Verstehe, daß das Leid der Welt erst dann geheilt sein wird, wenn die Welt in Gott umgewandelt ist. Arbeite mit deinem ganzen Herzen und Sein daran, daß das vollbracht wird, und laß dich durch nichts von diesem Werk ablenken.

Mithilfe beim Werk der Mutter

F: *Was kann ich tun, um Dein Werk zu unterstützen?*
MM: Verwirkliche dich.

F: *Wie können Menschen bei Deinem Werk mithelfen?*
MM: Sie können mithelfen, indem sie das Licht aufnehmen und zulassen, daß es sie verändert. Sie sollten friedvoll und harmonisch sein. Harmonisch zu sein bedeutet ganz, intakt zu sein, andere zu lieben und sich daher des Lebens zu freuen. Es bedeutet, sich selbst und die eigenen Schwierigkeiten zu kennen und an ihnen zu arbeiten, um frei zu werden und anderen helfen zu können. Es bedeutet, die Würde der anderen zu achten. Demut bringt Harmonie. Ein demütiger Mensch ist mit der Wirklichkeit in Übereinstimmung, und er ist glücklich, weil Demut Glück beschert.
Wenn ihr geöffnet seid, kann das Göttliche in euch einfließen. Wenn ihr umgewandelt seid, kann das Göttliche durch euch wirken.

F: *Ist der Aufstieg zu Gott nicht mit einer Bergbesteigung vergleichbar, wobei die vielen verschiedenen Pfade im Tal zum Gipfel hin allmählich zusammenlaufen?*
MM: Ja. Und wenn man den Gipfel erreicht hat, muß man wieder hinuntersteigen und anderen nach oben helfen, nach ihren Fähigkeiten und ihrer Kraft. Bei dieser Arbeit gibt es keine Rast: Der Höchste dient am liebevollsten, der Weise-

ste hört am aufmerksamsten zu, der, der gesehen hat, setzt sein ganzes Leben ein, um anderen zu helfen, damit auch sie sehen. Das ist der göttliche Weg.

Mutter Meera gibt jeden Freitag, Samstag, Sonntag und Montag abend Darshan. Da der Darshanraum nur eine bestimmte Besucherzahl aufnehmen kann, werden die Interessenten gebeten, einige Wochen vorher anzurufen, um einen Platz zu reservieren. Anmeldungen bitte nur telefonisch, täglich von 10.00 bis 16.00 Uhr.

Bitte keine Anmeldungen per Fax oder Brief!

Briefe an die Mutter sollten in Telugu (Mutter Meeras Muttersprache), Englisch oder Deutsch abgefaßt sein.

Mutter Meeras Anschrift

> Oberdorf 4a
> D-65599 Dornburg-Thalheim
> Telefon 0 64 36 / 23 05 oder 9 10 50
> Telefax 0 64 36 / 23 61

Über diese Anschrift sind folgende Bücher erhältlich

Antworten von Mutter Meera, in Englisch, Deutsch und Französisch.

Die Mutter von Adilakshmi, in Englisch, Deutsch und Französisch.

Bringing down the Light (Das Herabbringen des Lichts), Bildband mit Aquarellen von Mutter Meera.

Fotos von Mutter Meera, im Format 10 x 15 cm, 15 x 20 cm und 20 x 30 cm, sind ebenfalls erhältlich.

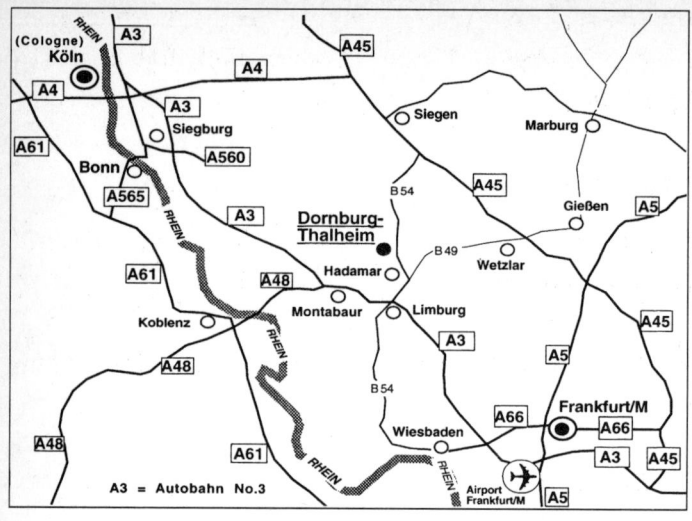

A3 = Autobahn No.3

Wegbeschreibung zu Mutter Meeras Darshan

Dornburg ist der Name einer Gruppe von fünf Dörfern,
15 km nördlich von Limburg a. d. Lahn (zwischen Frankfurt
und Köln). Kommen Sie in sauberer Kleidung (Raucher bitte mit gewaschenen Haaren), und seien Sie bitte spätestens
um 18.30 Uhr auf dem Parkplatz an der Mehrzweckhalle in
Thalheim. Hier ist der Treffpunkt für alle Darshanbesucher.
Parken Sie bitte nirgendwo anders, und gehen Sie nicht zu
den Häusern im Dorf, um dort nach Unterkunft oder Infor-
mationen zu fragen. Kinder sollen nicht zum Darshan kommen; sie erhalten Mutters Segen durch ihre Eltern. Ältere
Menschen sollten in der Lage sein, drei Stunden lang ruhig
zu sitzen. Bitte sorgen Sie selbst für Ihre Hotelbuchung.

Die Mutter beantwortet telefonisch Fragen durch ihre Sekretärin am Freitag, Samstag, Sonntag und Montag von 16 bis 17 Uhr.

Anreise per Zug

Über Frankfurt, Koblenz und Gießen nach Limburg, weiter mit Nahverkehrszügen oder Bus. Bitte beachten Sie: Samstag und Sonntag nur eingeschränkter Verkehr.
Bus Nr. 4280, Haltestelle gegenüber dem Limburger Bahnhof.

Anreise per Auto

Aus Frankfurt
   A 66 Wiesbaden, A 3 Frankfurt/Wiesbaden/Köln,
   Ausfahrt Limburg Nord, B 54 nach Siegen,
   4. Ausfahrt Dornburg/Hadamar,
   links durch Niederzeuzheim nach Dornburg-Thalheim.
Aus Dortmund
   A 45 Ausfahrt Haiger Burbach,
   B 54 Richtung Limburg, Langendernbach rechts.
Aus Kassel
   A 5 Gießener Ring/Wetzlar,
   B 49 Richtung Limburg.
Aus München/Würzburg
   A 45 Aschaffenburg/Gießen,
   Ausfahrt Wetzlar Ost, B 49 Richtung Limburg.

Spirituelle Wege –
die kleine Bibliothek der
Weisheiten

(86157)

(86165)

(86172)

(86103)

(86112)

(86071)

Spirituelle Wege –
die kleine Bibliothek der
Weisheiten

(86051)

(86053)

(86056)

(86073)

(86072)

(86130)